ANDEN

Auf den höchsten
Bahnen der Welt

Enzo Pifferi
Francesco Ogliari
Emilio Magni
Gerd Heussler

Orell Füssli

Lektorat: Dr. Ernst Halter
Herstellung: Peter Schnyder/Walter Voser
© Orell Füssli Verlag Zürich 1982
Grafik: Heinz von Arx, Zürich
Karten: Erica Brêchet, Rapperswil
Satz: Escritura AG, Zürich
Lithos, Druck und Einband: Amilcare Pizzi s.p.a.,
Cinisello Balsamo (Milano)
Printed in Italy
ISBN 3 280 01332 1

Inhaltsverzeichnis

Francesco Ogliari

DIE ANDENBAHNEN

Die Welt der Anden

Das spanische Wort *cordillera* bedeutet Gebirgskette. Die Kordillere der Anden ist die *cordillera* par excellence. Wenn man von Andenländern und Andenvölkern spricht, fühlt man sich unwillkürlich in eine Bergwelt versetzt, die man auch mit gewagtesten Vergleichen kaum zu fassen vermag: unsere Berge stehen zu den Anden in einem ähnlichen Verhältnis wie eine einheimische Tanne zu einer 70 Meter hohen Araukarie.

Ein Blick auf die politische Landkarte zeigt, daß die nordöstlichen Ausläufer der Kordillere (Cordillera de Mérida) ganz Venezuela durchqueren und in der Gegend von Carácas bis an den Atlantik vorstossen (Küstenkordillere). Südwärts erstreckt sich diese gewaltige Gebirgskette über Kolumbien, Ecuador, Peru, Bolivien, Chile und Argentinien; alle Länder des spanisch sprechenden Südamerika, diejenigen, die am Pazifik liegen, genauso wie die übrigen weiter im Osten (Bolivien, Argentinien und Venezuela), sind von der wunderbaren, geheimnisvollen und einst furchterregenden Welt der Anden geprägt. Diese verlaufen weiter nach Süden bis an die Magalhãesstraße und durchqueren auch ganz Feuerland.

Eine physische Karte läßt erkennen, daß die Kordillere in Pazifiknähe gewissermaßen als

«Rückgrat» von Norden nach Süden ganz Südamerika durchzieht. Sie erstreckt sich über rund 67 geographische Breitengrade, ausgehend von der Karibik (12° nördlich des Äquators) bis zu 55° südlicher Breite, nur zehn Breitengrade vor der Antarktis; dabei überquert sie den Äquator und den Wendekreis des Steinbocks. Im Vergleich dazu erstreckt sich die Schweiz über knapp 2 Breitengrade, und der Apennin bringt es – vom Po zwischen Piacenza und Alessandria bis Reggio di Calabria – auf 7 Breitengrade.

Aber nicht nur die Länge der Anden ist beeindruckend: ihre Breite beträgt durchschnittlich 250 Kilometer und erreicht eine maximale Ausdehnung von unglaublichen 750 Kilometern. Diese Strecke entspricht ungefähr der Luftdistanz zwischen Zürich und Hamburg. Die Alpen erreichen eine größte Breite von 225 km.

Ein letzter Vergleich möge die bisher gewonnenen Eindrücke noch vertiefen: die Anden bedecken rund zwei Millionen Quadratkilometer, was fast viermal der Fläche Frankreichs entspricht.

Von Bergen schlechthin zu sprechen ist sinnlos, wenn man nicht die Höhe der Berggiganten in Betracht zieht. Wir Europäer sind mit den Karpaten, dem Ural, den Pyrenäen und den Alpen vertraut, und für uns ist der Mont Blanc im Alpenmassiv der höchste Gipfel; er erreicht nicht einmal fünftausend Meter. Die Anden erreichen aber mit dem Aconcagua (6958 m) auf der Grenze zwischen Chile und Argentinien beinahe siebentausend Meter. Er wäre der höchste Gipfel, wenn genauere Messungen heute dem Ojos del Salado nicht noch ein paar wenige Meter mehr zugestehen würden. Und auf neuesten Karten wird der Nevado de Ancohuma, der höchste Gipfel der Cordillera Real in Bolivien, gar mit 7014 m verzeichnet. Damit aber noch nicht genug: rund sechzig Gipfel sind höher als 5000 m, und von diesen ragen wiederum zwanzig über 6000 m empor.

Viele dieser Berge sind Vulkane, wenn auch die meisten von ihnen zur Zeit nicht aktiv sind. Aber die über den Kratern hängenden Rauchwolken scheinen ein biblisches Mahnzeichen dafür zu sein, daß das Erdinnere jederzeit wieder zum Leben erwachen kann.

Doch nicht nur in geographischer, sondern auch in historischer Hinsicht sind die Anden eine einzigartige Welt. Geographie und Geschichte sind, wenn es um räumlich erfaßbare Bewegungen und Veränderungen in der Zeit geht, mehr als nur Wissenschaften, die sich gegenseitig ergänzen: sie bilden eine paradigmatische Symbiose. Die Anden von gestern, das weit zurückliegt und sich nicht in menschlichen Generationen messen läßt, sind nicht die Anden von heute, auch nicht die Anden von morgen. Ihre Doppel- und Dreifachketten mit all ihren Ausläufern bieten noch andere Besonderheiten. Niederstürzendes Gestein füllt Täler auf; die Berge ändern ihre Form, bilden neue Klüfte, einstige V-Täler erweitern sich immer mehr zu Hochebenen und Plateaus. Und die Kette der Anden wird unendlich langsam immer höher emporgehoben.

In Kolumbien und Bolivien, in Ecuador und Peru dehnen sich anstelle ehemaliger Täler und Talebenen weite Hochflächen aus, und dies auf Höhen von rund 3500 m. Dieses Hochland, die *puna,* läge für europäische Begriffe schon sehr hoch oben in den Bergen.

Kaum vorstellbar ist für Europäer auch das Spiel von Farben und Formen, von Licht und Schatten, von Kälte und Wärme im Verlaufe eines Tages.

Wer Tag und Nacht in den Anden erlebt, wird sich mehr als jeder andere der Bedeutung der Sonne als Spender allen Lebens bewußt und kann unter dem sternenübersäten Himmel in bodenlose Gedanken verfallen. Wer hier lebt, versteht, weshalb die Indianer die höchsten Gipfel der höchsten Berge für den Sitz der Götter hielten; er begreift, weshalb die Inkas in Ehrfurcht Inti, den Gott der Sonne, anbeteten, der gleichzeitig wohltätig, aber auch schrecklich war, weil jeder, der ihn betrachtete, das Augenlicht verlor; er kann ihren Glauben nachvollziehen, wonach Viracocha, der Schöpfergott, aus den Anden das Universum geschaffen hatte: aus den Anden, dem Mittelpunkt der Welt.

Dieser Kult um die Sonne – und um jede andere Naturgewalt – war aber nicht nur eine Eigenheit der inkaischen Kulturen; er war ganz allgemein bei den amerikanischen Indianern aller Regionen und Abstammungen verbreitet.

Nun sind Sonnenreligionen nicht nur bei den Andenvölkern zu finden, und daß Ecuador die Sonnenscheibe in seinem Wappen führt, ist sicherlich auch kein besonderes Merkmal südamerikanischer Zivilisationen. Tatsache ist aber, daß sich die Natur hier besonders mächtig zeigt, daß sie sich überall und aktiv, schöpferisch und zerstörerisch bemerkbar macht. Man denke nur an die Vulkanausbrüche und Erdbeben, an die über die Ufer tretenden Flüsse, an die reißenden Bergbäche, die Stromschnellen, die tosenden und schäumenden Wasserfälle. Auch diese Elemente sind lebensfreundlich und lebensfeindlich zugleich, und auch sie werden kultisch verehrt, zumindest in der Namengebung. Zweifellos verstanden auch die Spanier die religiösen Anspielungen der Indios, und so nannten sie den kolumbischen Fluß Magdalena «Nuestro Padre Río» («Unser Vater») und einen peruanischen Nebenfluß des Amazonas «Madre de Dios» («Göttermutter»). «Madre de Dios» heißt aber auch eine Insel in Chile, und «Todos los Santos» («Alle Heiligen») ist der Name eines zauberhaften Sees am Fuß des chilenischen Vulkanriesen Osorno.

Purer Nominalismus, abergläubische Schwärmerei? Nun, «Nuestro Padre Río» ist nicht irgendein Fluß, sondern der Magdalena, dessen Stromgebiet eine Fläche von rund 266 000 Quadratkilometern umfaßt, der das Wasser von rund 500 Nebenflüssen – unter anderem des Bogotá mit dem Wasserfall von Tequendama – zum Karibischen Meer führt, der auf einer Länge von 800 Kilometern schiffbar ist und an dessen Mündung die wichtigste Hafenstadt Kolumbiens, Barranquilla, gewachsen ist.

Kolumbien zählt rund 5000 fließende Gewässer, von denen der Magdalena das wichtigste und längste ist. Zweifellos würde aber auch der 1000 Kilometer lange Río Cauca, der mit seinem herrlichen Hochtal die West- von der Zentralkordillere trennt, den Namen «Padre» verdienen. Aber auch auf der andern Seite der Gebirgskette gilt es einige in Länge und Bedeutung sehr wichtige Flüsse zu erwähnen, die ihre Wasser dem Orinoko und dem Amazonas zuführen und dabei die Grenzen nach Venezuela und Brasilien überqueren; der Río Meta, über tausend Kilometer lang und größtenteils schiffbar, der Río Guaviare (1200 km), der Río Vaupés (900 km), der Río Caquetá (1300 km) und der Río Putumayo, der über weite Strecken die natürliche Grenze zu Peru bildet.

In der Ostkordillere Kolumbiens stoßen wir auf eine weitere Ortsbezeichnung, die uns zum Nachdenken anregt: «Suma Paz», «höchster Friede». Wenn wir uns bewußt werden, daß diese gleichen Anden in einem Hochtal in Bolivien auf 3630 m den höchstgelegenen «Frieden» der Welt beherbergen, die Hauptstadt La Paz, können wir erahnen, welcher Art Gefühle die Gewalt und Reinheit dieser Berge im Menschen zu erzeugen vermögen. Und nicht nur Friede, Ruhe, sogar das Paradies findet sich in zahlreichen Ortsnamen wieder. Etwa in Chile, wo sich die Anden dicht an den Pazifik drängen, die Stadt und der gleichnamige Golf: Valparaíso; auch das Wort «gut» ist häufig anzutreffen, so zum Beispiel in der Stadt Río Bueno in jener herrlichen Seenlandschaft, die auch als «chilenische Schweiz» bekannt ist, oder im Lago Buenos Aires, der seinen Namen mit der argentinischen Hauptstadt teilt.

Das kolumbische «Suma Paz» ist in der Tat ein Paradies im von den Griechen aus dem Persischen übernommenen Wortsinn: ein Garten Eden, ein Park. Die Vielfalt von großen und kleinen Seen, von Bergen, Gletschern und in den Himmel emporragenden Gipfeln ist einzigartig. Die Region Suma Paz liegt nördlich der kolumbischen Hauptstadt Bogotá, die ihrerseits mit 2600 m ü.M. ebenfalls sehr hoch gelegen ist. Man stelle sich vor: auf dieser Höhe liege in Europa, in den Alpen zum Beispiel, ein äußerst geschäftiges Verkehrs-, Handels- und Finanzzentrum von der Größe der Stadt Rom.

Zahlreiche andere Städte blühen hier in beinahe unglaublichen Höhen. Ausnahmen bilden eigentlich nur Lima, die Hauptstadt Perus, die auf Meereshöhe liegt, und Santiago de Chile, das auf 500 m zwischen dem Küstengebirge und den Anden eingebettet ist. Quito hingegen, die Hauptstadt von Ecuador, liegt auf 3000 m. Arequipa schmiegt sich auf 2300 m an den Fuß des gigantischen Vulkans Misti, der schon oft schwere Katastrophen verursacht hat; trotz dieser ständigen Gefahr gilt diese Stadt ihres milden Klimas wegen als «Paradies»; sie zählt 220 000 Einwohner und wird als Sommerwohnsitz immer beliebter. Cuzco mit seinen 120 000 Bewohnern liegt auf 3326 m. Hier gründete Manco Capac die Hauptstadt des Inkareiches, am «Nabel» («Cuzco») der Welt, nachdem er an dieser Stelle die Erde mit der goldenen Rute geprüft hatte, die ihm der Sonnengott geschenkt hatte.

In diesem Zusammenhang muß natürlich auch Machu Picchu erwähnt werden, die erst 1911 entdeckte heilige Stadt der Inkas. Man erreicht sie von Cuzco aus durch das enge Tal des Urubamba. Unvermutet gelangt man auf die Terrassen der geheimnisumwitterten Stadt, und man fragt sich, weshalb sie wohl Machu Picchu, «Alter Gipfel» heißt. Der Alte Gipfel ragt ganz in der Nähe eindrucksvoll empor, die Stadt soll identisch mit Vilcabamba gewesen sein, dem heiligen und geheimen Ort, der nur den Herrschern und Hohepriestern der Inkas bekannt war: er bot denen, die vor Pizarro und seinen *conquistadores* Rettung suchten, eine letzte Zuflucht.

Cochabamba, mit 180 000 Einwohnern die zweitgrößte Stadt Boliviens, liegt auf 2570 m. Den Höhenrekord hält aber zweifellos Potosí. Diese 120 000 Bewohner zählende Stadt liegt noch höher als La Paz, die höchste Hauptstadt der Welt: es fehlen ihr nur wenige Meter zu 4000. Die Geschichte dieses Wirtschafts- und Finanzzentrums hört sich an wie ein Märchen. Potosí wurde in der Mitte des 16. Jahrhunderts gegründet und erlangte dank des Silberbergs Cerro Rico de Potosí innerhalb weniger Jahrzehnte ungeheuren Reichtum. Nachdem die Erzvorkommen erschöpft waren, kam der Niedergang: Potosí war in ihrer Blütezeit die lebendigste und großartigste Stadt des ganzen Kontinents gewesen. Doch erneut zeigte die Natur ihre Macht über die Menschen. Sie gibt und nimmt; sie läßt

sich aus dem Gleichgewicht bringen, aber sie rächt sich. Und auch hier sind die Namen aufschlußreich: für die spanischen Eroberer hieß der Ort Cerro Rico, der «reiche Berg», für die Indios ist er Potosí, «das Grollen».

Die Berge sind und bleiben Mittelpunkt der andinen Landschaften und allen Lebens, das sich in ihnen abspielt. Sie beherrschen und bestimmen alles mit ihrem «Grollen». Was vermögen Straßen, Tunnel und Bahnen gegen Lavaströme und Erdbeben? Die Indios, die die Sonne und das Feuer anbeten und fürchten, nennen den Chimborazo «König des Todes», den Sangay «Schrecken der Flammen», den Pichincha «Kochender Berg».

Ein Andenstaat vereinigt auf seinem Gebiet besonders viele Vulkane: Ecuador. Und wir wollen uns hier nur mit den allergrößten Giganten befassen. Auf einer Fläche von etwas mehr als 25 000 Quadratkilometern übertreffen acht Vulkane die 5000-m-Grenze; sieben sind ungefähr gleich hoch wie der Mont Blanc oder der Monte Rosa. Einer aber überragt sie alle: der Chimborazo. Mit seinen 6310 m ist er der höchste Berg Ecuadors, der «König des Todes». Noch vor zweihundert Jahren galt er als höchster Berg der Welt. Herrschend überblickt er das Hochtal des Río Bamba, ziemlich genau in der Mitte des Landes, umgeben von vielen anderen Riesen. Die südöstlich des Chimborazo gelegene Stadt Riobamba hat als nord- und südöstliche Nachbarn auch den Tungurahua (5016 m), den Altar (5319 m) und den Sangay (5230 m). Es scheint, als ob diese furchterregenden Riesen eine geradezu magische Anziehungskraft auf die Menschen ausüben würden. Wer die weiter im Norden liegende Hauptstadt Quito besucht, wird abermals staunen; rund um sie herum, sozusagen in Griffnähe, ragen weitere Vulkangiganten empor: der Cayambe (5790 m), der Antisana (5704 m), der Cotopaxi (5897 m), der Iliniza

(5305 m), der Corazón (4788 m) und der Pichincha (4794 m). Letzterer steht unmittelbar vor den Toren der Stadt, denn die Indios – Quito ist wie Cuzco eine ursprünglich indianische Gründung – hielten ihn heilig als Sitz des Sonnengottes.

Daß die erwähnten Städte keine Ausnahmen sind, zeigen zahlreiche andere Orte in unmittelbarer Nähe von Vulkanen: zum Beispiel Ambato in der Region des Chimborazo, Latacunga in der Nähe des Cotopaxi oder Ibarra am Fuße des Cayambe. Der Mensch schreckt nicht davor zurück, Land zu besiedeln, dem Göttliches und Dämonisches innewohnt. Und selbst wenn die kochenden Berge zürnen und Städte voller Leben unter sich begraben, wie dies in Quito der Fall war, beginnt der Mensch am gleichen Ort wieder aufzubauen, unermüdlich, für ein neues Leben.

Fast überall in diesen Andenländern wird man kaum das Gefühl los, in einer Welt voller Gegensätze zu sein: Haß – Liebe, Tod – Leben, Eis – Feuer. Die schrecklichen Hexenkessel, von ewigem Firn gekrönt, scheinen diese Gegensätze in sich zu vereinigen. Der vereiste Krater des Cotopaxi weist einen Umfang von drei Kilometern auf und scheint stets dazu bereit, Feuer und Asche in den Himmel zu speien. Und auf einer Fläche, die nur ungefähr gleich groß ist wie Dänemark, lauern noch gut dreißig ähnliche Riesen.

Die Berge herrschen. Entlang der chilenisch-argentinischen Grenze erreichen sie erneut Rekordhöhen. Hier präsentieren sich der Ojos del Salado mit fast 7000 m, der Tupungato mit 6800 m, der Cerro Mercedario mit 6770 m und natürlich der Aconcagua mit 6958 m als stolze Gipfel, die nach denjenigen des Himalaja zu den höchsten der Welt zählen. Tief im Süden endlich, in Patagonien, kämpfen Eis und Feuer wie in Island.

Das Gesetz der Gegensätze behält seine Gültigkeit auch dann, wenn wir uns dem Tiefland mit seinen so verschiedenen Landschaften zuwenden. Hier die Regenwälder der Äquatorialzone, öde Steppen und dürre Wüsten. Peru verfügt über eine sehr trockene Küstenregion, in der allerdings herrliche Oasen blühen. Bolivien seinerseits besitzt (neben riesigen Salzwüsten im Hochland) unermeßliche Wälder im Tiefland, die zum Teil wertvolle und äußerst kostbare Hölzer liefern. Eine Laune der Natur will es, daß der *tajibo negro,* der sehr hartes Holz gibt, neben dem *balsa* steht, dessen Holz sehr leicht ist. Die riesenhaften Zedern und die monumentalen Araukarien sorgen für Gegensätze anderer Art.

Die Natur bringt eine äußerst vielfältige und reiche Flora hervor, welche der Pharmazeutik (Koka, Baldrian, Arnika) oder der Industrie (Kautschuk, Agaven, Ebenholz, Mahagoni, Weihrauch) sehr viel zu bieten hat; anderseits stellt sie dem Menschen auch unendliche Schwierigkeiten in den Weg. Die Geschichte des Inkakontinents zeigt aber auch die außergewöhnlichen Fähigkeiten des Menschen, mit solchen Schwierigkeiten fertig zu werden: Reichtum einer fortschrittlichen Vergangenheit, die mit der Natur lebte, Armut einer rückschrittlichen Gegenwart, die gegen die Natur spekuliert.

In Bolivien stoßen wir auf ein anderes Naturwunder, den Titicacasee. Er liegt auf 3815 m ü.M. und ist damit der höchstgelegene schiffbare See der Welt. Seine Fläche bedeckt 8300 Quadratkilometer. Dieser herrliche See spielt in Geschichte und Legende eine wichtige Rolle. Von hier aus breitete sich unter Manco Capac die Inkakultur aus. Im kristallklaren Wasser des Titicacasees tummeln sich große Fischschwärme, und pfeilschnell gleiten die *caballitos,* leichte Boote aus Schilf, das an seinem Ufer wächst, über die Wellen dahin. An seinem Süd-ostende dehnt sich der dürre und öde Altiplano aus, auf welchem die antike Zivilisation der Aymará entstanden ist. In Tiahuanaco begegnet man großartigen Hinweisen darauf, daß hier einst eine Hochkultur geblüht haben muß. Auf einer Fläche von ungefähr 20 Quadratkilometern findet man eine Reihe von gewaltigen Monolithen, von denen man sich kaum erklären kann, wie sie hierher transportiert wurden. Möglicherweise gab es hier sogar ein astronomisches Observatorium, denn Anzeichen, daß sich dieses religiöse Volk intensiv mit dem Himmel befaßt hat, gibt es in überraschend großer Zahl. Unweit dieses Ruinenfeldes von Akapana mit dem «Mondtor» stößt man auf die Überreste eines Tempels, des Kalasasaya, dessen Grundfläche hundert auf hundertundzwanzig Meter gemessen haben muß. Am einen Ende zeugt eine zehn Meter breite Steintreppe noch von den riesigen Dimensionen dieser Anlage. Am andern Ende steht das «Sonnentor», ein mächtiger Monolith mit einer Toröffnung in der Mitte; der Felsblock ist 80 Zentimeter dick, 3 Meter hoch und 4 Meter breit. Einen Kontrast zu diesen eindrucksvollen Massen bildet das kunstvolle, sehr fein gearbeitete Fries über dem Torbogen; es stellt Gestalten dar, die sich auf ein Zentrum zubewegen, das unschwer als Sonne zu entschlüsseln ist. Dieses Fries ist ein Zeugnis höchster Kunst.

In Tiahuanaco gibt es aber neben dem «Sonnentor» noch mehr zu bewundern: antike Öfen, Sarkophage, unterirdische Wohnanlagen und Käfige. Einer dieser Käfige, der als «Gericht» bezeichnet ist, weist Gänge auf, durch die sich wilde Tiere (Pumas natürlich) auf die Verurteilten gestürzt haben sollen. Im weiteren findet man über sechs Meter hohe Steinskulpturen, alles Monolithen. Neben diesen Kolossen haben die archäologischen Ausgrabungen aber auch

feine und sehr kunstvoll gearbeitete Keramik- und Bronzegegenstände zu Tage gefördert.

Der Besucher wird mit einer geheimnisvollen Kultur konfrontiert, die in einem fernen Jahrtausend auf geheimnisvolle Weise entstanden und lange vor der Inkazeit auf ebenso geheimnisvolle Weise wieder verschwunden ist. Verschiedene Ethnologen sind heute der Ansicht, die Uruchipaya, eine Gruppe bolivianischer Ureinwohner, seien die Nachfahren dieses verschwundenen Volkes. Eine weitere Bestätigung, daß in der Welt der Anden alles nebeneinander existieren kann.

In Kolumbien, vor allem im Süden des Landes, im Tal von San Agustín, liegen Fundstätten mit Megalithstatuen der Chibcha, Gräbern aus der Vorinkazeit und präkolumbischer Keramik in unmittelbarer Nähe von modernsten Wolkenkratzern. Es gibt Straßen, die uns an die Kolonialzeit erinnern, und Fischerdörfer, in denen wir uns um Jahrhunderte zurückversetzt fühlen, während wir im Municipio von Medellín ein Freskogemälde des Malers Pedro Gómez bewundern können, das «die Arbeit in den Bergwerken» und die damit verbundenen Krankheiten darstellt. Vor der spanischen Festung San Feliz in Cartagena befindet man sich unvermittelt wieder in der Zeit der Konquistadoren, und man begegnet Arnacos, die sich zur Begrüssung die Handgelenke reiben: dieses Volk bedient sich des Pfeils und Bogens, und beim Bogenschießen ist ein starkes Handgelenk sehr wichtig. Auf der anderen Seite haben Arkebuse und Flinte längst den modernen automatischen Waffen weichen müssen.

Interessant sind aber auch die Disharmonien Perus. Es gibt Cuzco, die alte Inkastadt mit ihren Häusern, deren obere Stockwerke modern sind, während ihre Fundamente und Erdgeschoße aus der Inkazeit stammen. Es gibt Lima mit seinen modernen und modernsten Kirchen, aber auch mit seinen Kirchen aus dem Barock, unter denen die Kirche der Mercedes mit ihrer außergewöhnlichen Fassade herausragt. Daß in Lima, dieser zu Recht als «europäisch» bezeichneten Stadt, Wolkenkratzer neben Häusern aus der Kolonialzeit stehen, ist selbstverständlich.

Peru hat seine Indios, die tanzen; es hat sein Amazonasgebiet mit blasrohrbewaffneten Ureinwohnern; es hat seine Indiofrauen, die nach alter Vätersitte den Mais zwischen Steinen zu Mehl zerreiben; und daneben hat es seine moderne Industrie und seine endlosen Elendsviertel. Peru hat seine Prozessionen, seine *fiestas,* seine Quechua-Häuptlinge in farbenfrohen folkloristischen Trachten und es hat seine Kehrichtberge, in denen die Ärmsten der Armen wühlen. Es ist ein Peru, das sich vor allem für die Konquistadoren und ihre Nachfahren gelohnt hat.

Gehen wir nach Bolivien, nach Oruro. Das trockene, landwirtschaftlich wertlose Gebiet nördlich des Poopósees hat die Menschen dazu angeregt, nach Bodenschätzen zu suchen, und es hat seine Zinnvorkommen freigegeben. Oruro wird ein internationales Bergbauzentrum. Aber die Folklore der *diabladas* bleibt lebendig. Villen und Kolonialhäuser stehen einträchtig nebeneinander, Prachtstraßen werden von kleinen Gäßchen gekreuzt, und Kreolen, Mulatten und Indios sind sich in ihrer Leidenschaft für die Darbietungen der Teufelstänzer einig.

Temperamentvoll und unberechenbar wie die Anden-Vulkane, kennen die amerikanischen Indianer auch Ruhe und Beschaulichkeit, ja sogar eine Art *voluptas dolendi,* eine Art Lust zu leiden, und – wie ihre Vulkangiganten – eine *voluptas dormiendi,* eine Lust zu schlafen. Sie leben miteinander, arm und ausgebeutet, in einer Welt, in der ein paar wenige Erben der europäischen Konquistadoren praktisch allen Reichtum und alle Macht besitzen.

In dieser Welt sind auch außergewöhnliche Eisenbahnen entstanden, die Andenbahnen, es sind die höchsten Bahnen der Welt. Sie steigen von Meereshöhe auf über 4000 m, sie haben dem Andenkontinent eine «Errungenschaft» der Zivilisation gebracht, die vielleicht nicht die schlechteste war.

Besuchen wir sie, eine nach der andern.

Fortsetzung Seite 49

DIE ANDENBAHNEN

DIE NATIONALEN ANDENBAHNEN	Ecuador	Durán/Eloy Alfaro–Quito (Spurweite 1067 mm)
		Quito–San Lorenzo (Spurweite 1067 mm)
	Peru — Zentralbahn	Lima–La Oroya–Huancayo (Spurweite 1435 mm)
		La Oroya–Cerro de Pasco (Spurweite 1435 mm)
		Huancayo–Huancavelica (Spurweite 914 mm)
	Peru — Südbahn	Mollendo–Arequipa–Juliaca–Puno (Spurweite 1435 mm)
		Juliaca–Cuzco (Spurweite 1435 mm)
		Cuzco–Quillabamba (Spurweite 914 mm)
DIE INTERNATIONALEN ANDENBAHNEN	Chile–Bolivien	Antofagasta–Ollagüe–Oruro–La Paz (Meterspur)
		Arica–La Paz (Meterspur)
	Chile–Argentinien	Antofagasta–Salta (Meterspur)
		Valparaíso–Mendoza (Mendoza–Los Andes: Meterspur; Los Andes–Valparaíso: Spurweite 1676 mm)
	Argentinien–Bolivien–Peru	Buenos Aires–Tucumán (Spurweite 1676 mm)
		Tucumán–Jujuy–Villazón–La Paz (Meterspur)
		La Paz–Viacha–Cuzco (Meterspur und Eisenbahnfähre)

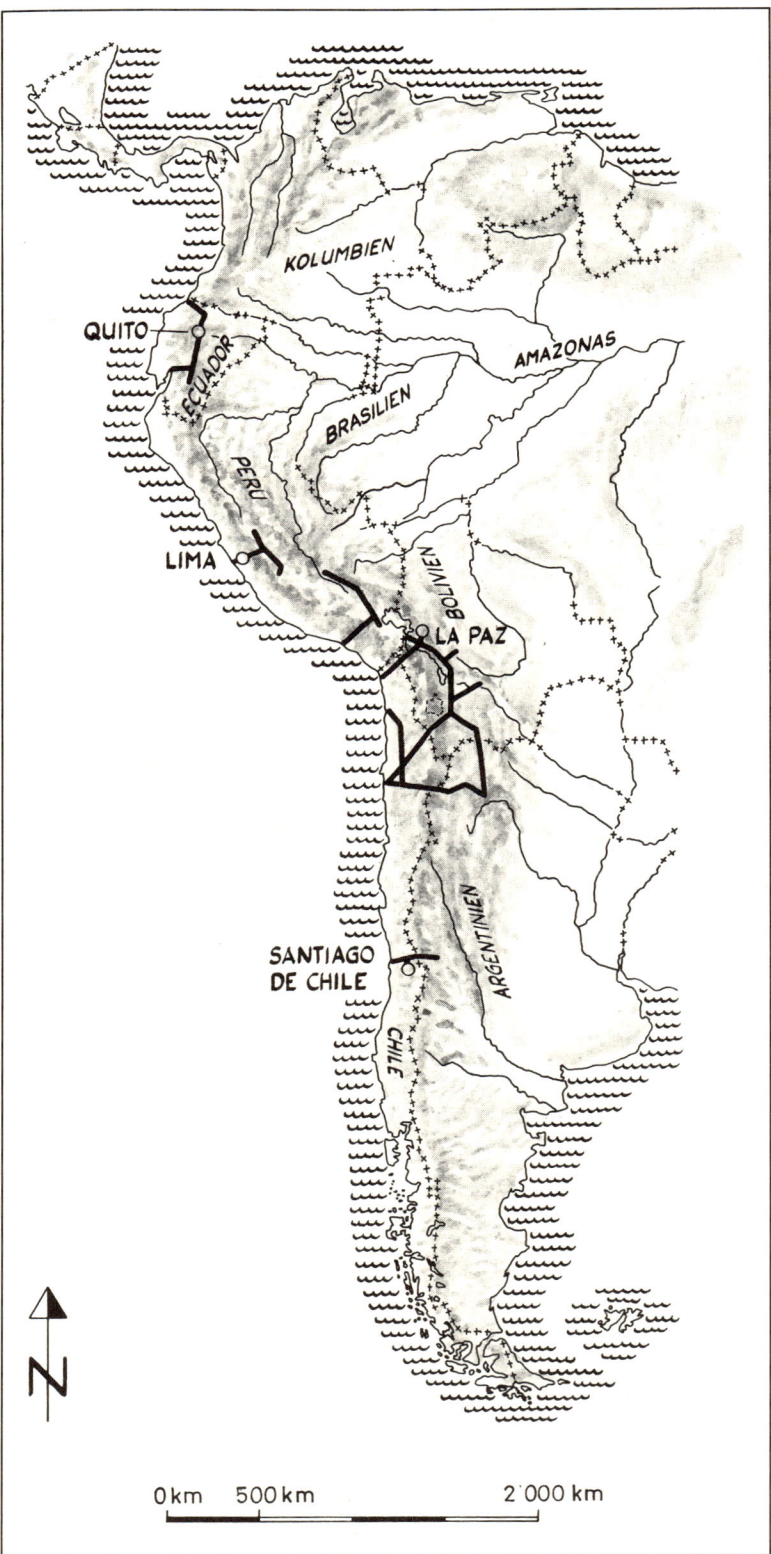

0 km   500 km   2'000 km

14

1 Guayaquil. Container warten darauf, verschifft zu werden. Von hier aus werden Kakao, Kaffee, Bananen, Nutzhölzer, Reis, Erdöl und zwei typische Landesprodukte – vegetabiles Elfenbein und Panamahüte – in die ganze Welt exportiert.

2 Guayaquil, Handelszentrum und größte Hafenstadt des Landes, liegt an der Mündung des Río Guayas.
Es ist eine moderne, lebendige und fortschrittliche Stadt, welche trotz des tropischen Klimas mehr Einwohner als die Hauptstadt zählt.
Dank seiner leistungsfähigen Dockanlagen wurde Guayaquil nach der Eröffnung des Panamakanals zur bedeutendsten Hafenstadt am Pazifischen Ozean.

3 Die Indios stehen dem Tod ruhig und gefaßt gegenüber, denn sie glauben an die Unsterblichkeit der Seele und ehren ihre Toten mit einer schlichten Zeremonie. Sie besprengen die sterbliche Hülle mit Wasser, in welchem aromatische Kräuter gekocht wurden. Dadurch wird der Leichnam für eine gewisse Zeit vor der Zersetzung geschützt. Am dritten Tag werden die Kirchenglocken geläutet, und der Leichenzug begibt sich langsam zum Friedhof.
Dort werden die Tugenden des Verstorbenen in Totengesängen gepriesen und nach katholischem Ritual Gebete gesprochen. Neben dem Friedhof der Weißen mit seinen prunkvollen Monumenten liegen die Gräber der Indios, einfache Erdhügel mit einem Holzkreuz.

4 Ein buntbemaltes Gefährt dient in der Vorstadt Durán Alfaro als öffentliches Transportmittel. Wegen der drückenden Hitze verkehren diese Autobusse ohne Fensterscheiben.

5 An der Mauer eines ärmlichen Hauses steht der Wahlslogan: «Wir zählen auf deine Stimme, betrink dich nicht!»
Von den politischen Wirren und der inneren Unruhe Ecuadors profitierte Peru, indem es sich der weiten Ebenen und der Hafenstadt Iquitos bemächtigte, wo über den Amazonas große Transportschiffe aus ganz Europa einlaufen.
Südlich von Tumbez, das bis vor wenigen Jahrzehnten noch ecuadorianisch war, dehnt sich die peruanische Wüste aus, auf deren Besitz Ecuador nie großen Wert gelegt hat. Die waldreiche und fruchtbare, zur Anlage von Bananen-, Kaffee- und Kakaoplantagen hervorragend geeignete Äquatorzone im Norden dieser Stadt hat aber Peru immer wieder Gründe geliefert, das Nachbarland unter irgendeinem Vorwand anzugreifen. Und während die peruanische Militärregierung immer ein gut ausgerüstetes Heer unterhalten hat, überließ Ecuador die Verteidigung seiner Landesgrenzen stets mehr oder weniger dem Zufall.

6 Endstation der Eisenbahnlinie Quito–Guayaquil ist der Bahnhof von Durán Alfaro. Dieser Ort trägt seinen Namen zu Ehren des ehemaligen Staatspräsidenten Eloy Alfaro, der den von García Moreno begonnenen Eisenbahnbau zu Ende geführt hat.
Anschließend besteigen die Reisenden eine Fähre, die sie über den Fluß ins Zentrum von Guayaquil bringt.

15

7/8 Ungefähr 55% der Fläche von Ecuador werden von Wäldern bedeckt; sie stellen einen unschätzbaren Reichtum dar, der aber nur zu einem sehr geringen Teil genutzt wird. Charakteristisch für die Pazifikküste ist die zwergwüchsige Panama- oder Jipijapa-Palme, aus deren getrockneten Blättern prächtige Hüte geflochten werden. Diese Kopfbedeckung ist auf der ganzen Welt unter der Bezeichnung «Panamahut» bekannt; dieser Name geht auf frühere Zeiten zurück, in denen Ecuador große Handelsschwierigkeiten hatte und seine Produktion deshalb an Grossisten in Panama verkaufte, die dann für eine weltweite Verteilung sorgten. In den Wäldern wächst auch Phitelephas macrocarpa, eine Palmenart, deren Früchte sehr harte, weiße Samen enthalten. Dieses sogenannte vegetabile Elfenbein wird zur Herstellung von Knöpfen verwendet.
Weit verbreitet sind auch der Balsabaum, dessen leichtes, widerstandsfähiges Holz sich zum Flugzeugbau eignet, der Kautschukbaum und Cinchona officinalis, ein Baum, aus dessen Rinde Chinin gewonnen wird.

9 Kaffee wird sehr häufig angebaut, an der Küste ebenso wie in den Hochtälern bis auf rund 1500 m Höhe.
Das Produktionszentrum befindet sich in der Provinz Guayas. Dort werden Kaffeepflanzen zwischen Reihen von Bananenbäumen gepflanzt, welche sie vor der sehr kräftigen Sonne schützen. Kaffeeplantagen können aber nicht allzu groß sein, weil sie ständiger Pflege bedürfen.
Jedoch ist der ecuadorianische Kaffee von einer ausgezeichneten Qualität, und der Großteil der beiden Jahresernten wird exportiert.

10/11 Es sind verschiedene Arbeitsgänge notwendig, bis der Kaffee verkaufsfertig ist. Diese Aufnahmen stammen aus einer Hacienda in der Nähe von Guayaquil.

12/13 Der Río Guayas ist der gemeinsame Endstrom von vier Flüssen, die aus den Anden dem Meer zustreben.
Das Flußbecken ist sehr fruchtbar und stark bevölkert. Besonders an den angeschwemmten Schlammufern, die etwas über der Flußebene liegen, erstrecken sich ausgedehnte Kakao- und Bananenplantagen und weite Reis- und Zuckerrohrfelder. Die Flußebene, die nur wenig über Meereshöhe liegt, steht während mehrerer Monate im Jahr, vor allem natürlich während der Regenzeit, unter Wasser.
Aus diesem Grund stehen die Hütten der Einwohner auf einer Art Pfahlwerk rund eineinhalb Meter über dem Erdboden.

14 Zwischen Guayaquil und Quito bestehen tägliche Flugverbindungen; wer aber das Leben hoch oben im Herzen der Anden kennenlernen und den einzigartigen Anblick der zum Teil über 5000 m hohen Bergriesen bewundern will, reist besser mit der Eisenbahn.
Langsam erklimmt der Zug die oft recht starken Steigungen zum Hochplateau hinauf; er läßt die Kakao-, Kaffee- und Bananenplantagen in der Ebene des Río Guayas hinter sich und fährt nun auf halber Bergeshöhe zwischen Maisfeldern hindurch.

15 Eine Frau hat ein kleines Restaurant eingerichtet und bedient die Passagiere des Zuges, der hier um die Mittagszeit durchfährt. Sie bietet gesottene Kartoffeln und eine Art Schmorbraten feil. Alles geht sehr rasch, damit sie die leeren Teller wieder einsammeln kann, bevor der Zug weiterfährt.

16/17 Die Reisenden benützen einen kurzen Aufenthalt des Zugs, um sich zu stärken und zu laben.

18 Ein kleiner Wagen mit Eisenbahnarbeitern, die sich um den Unterhalt der Strecke kümmern, wird vom fahrenden Zug abgehängt.

19 Der Zug führt einige Rangiermanöver durch, bevor er sich der «Teufelsnase» nähert. Diese steile, fast senkrecht zum Fluß abfallende Felswand schien den Ingenieuren, welche die Streckenführung festzulegen hatten, beinahe unüberwindlich zu sein. Doch schließlich wurde beschlossen, vier Abschnitte mit einer Neigung von 5,5% so in die Wand hineinzusprengen, daß der Zug sie im Zickzack befahren kann. Die Spitzkehren am **Naso del Diablo** gelten als eine der kühnsten Ingenieurleistungen in der ganzen Eisenbahngeschichte.

«Riobamba ist auf der Straße in ungefähr sechs Stunden zu erreichen. Wenn alles glatt verläuft, sollten wir heute abend mit einer Verspätung von nur zwei Stunden im Bahnhof von Durán Alfaro eintreffen. Ich bin so sehr damit beschäftigt, auch den hintersten Winkel des Zuges zu erforschen, daß es mir vollständig entgangen ist, daß es schon nach zwölf Uhr ist. Im Augenblick befinde ich mich in der Diesellokomotive und leiste den beiden Lokführern Gesellschaft, die mit keiner Miene verraten, daß sie in Kürze den schwierigsten Abschnitt der Strecke Quito–Guayaquil, nämlich die 'Teufelsnase' zu bewältigen haben werden. Ich habe schon früher von diesem gewaltigen Naturhindernis gehört: eine fast senkrechte, 800 bis 900 m abfallende Wand. Seit dem letzten Jahrhundert ist es überwunden; der Zug fährt in Spitzkehren auf den Talboden hinunter und eilt dann dem Pazifik entgegen. Es ist zweifellos ein beeindruckendes Werk der Ingenieurkunst, vor allem wenn man daran denkt, in welch kurzer Zeit die Engländer es ausführen mußten.

'Gringo (Fremder), jetzt fahren wir die Teufelsnase hinunter!' schreit einer der beiden Lokführer und weist mit dem Arm auf den gigantischen Riß hin, den ich bis jetzt nicht gesehen habe. Der Zug fährt immer langsamer. Ganz langsam nähern wir uns dem Hindernis; die dick behandschuhten Finger der Maschinisten fliegen von einem Instrumentenhebel zum andern, führen sicher heikelste Manöver durch, als ob sie die Instrumente liebkosen würden. Es herrscht absolute Ruhe.

Nun befindet sich der Zug mitten in der Wand, die vollkommen senkrecht abfällt.

Ich klebe förmlich am Fenster, jeder Bewegung unfähig, und halte mich eisern an irgend etwas fest. All das müßte ich fotografieren, aber wie? Ich fühle mich wie aus einem Stück gegossen, wie gelähmt, unfähig, die Distanz für eine Aufnahme einzustellen.

'Mein Gott, was für eine Felswand', wiederhole ich immer wieder für mich, 'wie soll nur der Zug da hinunterkommen?' Steil geht es durch die Wand hinunter auf ein Stumpengleis. Rückwärts fahrend bringt die Lokomotive den Zug auf das nächste Teilstück, bis zur nächsten Plattform.

Der Gestank von verbranntem Öl und das Kreischen der Bremsen begleiten diese scheinbar endlosen Manöver. Ein kleiner Fehler, ein Erdrutsch, und alles wäre in wenigen Augenblicken unten auf dem Talboden zu Ende.

Hunderte von Köpfen schauen aus dem Fenster, unbeweglich wie Kegel verfolgen sie dieses unglaubliche Manöver.

Immer noch laufen Schauer durch meinen Körper, als ich mich umdrehe und die Felswand betrachte, mir vorzustellen versuche, wie diese Strecke vor vielen Jahrzehnten gebaut wurde.

Zutiefst in meinem Innern glaube ich an ein Wunder, das sich Tag für Tag immer ungefähr zur gleichen Zeit wiederholt.»

Aus dem Tagebuch von Enzo Pifferi

20 *Detailansicht einer Wagenbremse.*

21 *Die Dampflokomotive faßt Wasser.*

22 *Im Führerstand der Dampflokomotive.*

23 *Auf den Wagendächern drängen sich die Indios mit einem Kunterbunt von Waren, besonders mit Obst und Gemüse. Hier befindet sich aber auch der Bremser, der im Notfall seine verantwortungsvolle Aufgabe erfüllen muß.*

24 *Eine große Mine in der Gegend von Alausí, wo im Tagebau Schwefel gewonnen wird. Die Transandenbahn durchquert Ecuador in Nord-Süd-Richtung zwischen den parallel verlaufenden Bergketten der Cordillera Occidental und der Cordillera Real. Dazwischen erstreckt sich auf einer mittleren Höhe von 2500 m der Altiplano. Das Klima ist mild und der vulkanische Boden äußerst fruchtbar. Aus diesen Gründen ist die Hochebene dicht bevölkert, und hier liegt auch die Hauptstadt Quito.*
Es regnet hier ausgiebiger als in andern Regionen, und die schachbrettartig gemusterten Berghänge sind mit bebauten Feldern übersät.

25 *Vorbereitungen auf die Abfahrt im Bahnhof von Riobamba. Die «Sultanin der Anden», wie diese Stadt auch genannt wird, liegt eingebettet zwischen dem Chimborazo und dem Altar, 300 km südlich von Quito.*
«Es ist 5 Uhr 30, und die Morgendämmerung macht sich noch nicht bemerkbar.
Nachdem wir die Nacht in Riobamba verbracht haben, warten wir nun im Bahnhof auf die Abfahrt des Zuges. Trotz der frühen Morgenstunde wimmelt es von Indios, die alle möglichen und unmöglichen Waren in den Zug einladen. Soeben wird die Diesellok vorgespannt, und ein Eisenbahnbeamter gibt dem Lokführer vom Dach des Güterwagens aus Zeichen mit einer Laterne.
Die Fahrt in diesen alten Waggons läßt einiges erwarten, während die gestrige Reise von Quito nach Riobamba in einem 'Autowaggon' (eine Art Autobus auf Drehgestellen) sehr rasch war und uns keine Möglichkeit ließ, in den kleinen Dörfern entlang der Strecke auszusteigen. Die Landschaft war sehr eindrücklich, und wir verstanden, warum der berühmte Forscher und Schriftsteller Alexander von Humboldt diese Gegend 'Allee der Vulkane' genannt hat.»
Aus dem Tagebuch von Enzo Pifferi

26 *In einem Personenwagen zweiter Klasse. Noch heute sorgen Öllämpchen für die notwendige Beleuchtung.*

27 *Im Wagen zweiter Klasse. Mißtrauisch beobachten die Indios den Fotoapparat, und der eine oder andere wendet sich ab, um nicht vom Objektiv erfaßt zu werden.*

28 *Die farbenfroh leuchtenden Kleider der Indios ergeben einen starken Kontrast zur eher düstern Atmosphäre des Ortes und zum Ausdruck der Menschen.*

29 *Der Führerstand eines Autowaggons.*

30 Der Autowaggon «Rumbo al Sur» fährt von Quito nach Guayaquil. Er ist das schnellste Schienenfahrzeug. Es handelt sich um einen Autobus, der dank speziell montierten Drehgestellen auf Schienen verkehren kann.
Der eigentliche Zug fährt aber von Riobamba direkt nach Guayaquil. Da er häufig anhält, ist er sehr viel langsamer, dafür aber auch typischer.

31 Der Chimborazo ist der höchste Berg in Ecuador und in den Anden nördlich von Peru. Noch im vergangenen Jahrhundert galt er als höchster Berg der Welt, da die noch höheren Gipfel in den Anden selbst und in Asien noch nicht vermessen waren.
Er besteht aus fünf Gipfelkuppen, die untereinander durch gewaltige Lavaströme verbunden sind. Über seine Flanke fließen vierzehn Gletscher. Die Vulkane sind aus der ecuadorianischen Landschaft nicht wegzudenken, die sie mit ihren eindrucksvollen, schneegekrönten Kegeln beherrschen.
In Ecuador gibt es heute noch zwanzig aktive Vulkane, von denen der Cotopaxi als höchster aktiver Vulkan der Welt gilt. Die Lavaströme stellen kaum eine Gefahr dar, da sie nur selten bebautes oder bewohntes Gebiet erreichen. Viel gefährlicher sind die Aschenwolken, die vom Wind über Hunderte von Kilometern verfrachtet werden und sich dann erstickend auf die Pflanzenwelt legen.
Zur vulkanischen Tätigkeit gesellen sich natürlich häufig seismische Vorgänge: im Jahr 1949 machte ein Erdbeben Ambato, eine Stadt mit 80 000 Einwohnern, dem Erdboden gleich.

32 Ein Wald von Eukalyptusbäumen, deren Wipfel sich noch kurz vor Tagesanbruch im Nebel verbergen. Obwohl das Land unter dem Äquator liegt, ist das Klima keineswegs typisch, da es vom kalten Humboldtstrom und von den großen Höhen beeinflußt wird.
Es gibt zwei Jahreszeiten, eine Regenzeit von Dezember bis Juni und eine Trockenzeit von Juni bis Dezember. Die Temperaturunterschiede zwischen den beiden Jahreszeiten sind nicht besonders groß; das einzige Element, das für einen Unterschied sorgt, ist der Regen.

33 Östlich von Riobamba erhebt sich der 5319 m hohe Cerro Altar. Sein hufeisenförmiger Grat ist der Rest eines ungeheuren Kraters von mehreren Kilometern Durchmesser. Die einzelnen Gipfel fallen allmählich gegen die beiden Sporne hin ab, welche die Eckpfeiler der Formation bilden. Im Innern der Kratermulde befindet sich ein großer Gletscher mit dem Namen La Caldera (der Kessel).

34 Quito. Auf dem Platz vor der Kirche San Francisco schläft ein Indiojunge zwischen Kultgegenständen. Der Gebäudekomplex des Klosters San Francisco, das in der zweiten Hälfte des 16. Jahrhunderts gegründet wurde, zählt zu den ältesten Bauwerken von Südamerika. Die Franziskaner gehörten zu den ersten Missionaren, die in dieses Gebiet vorstießen und sich zum Bau von Kirchen, Klöstern und Schulen entschlossen, um die Eingeborenen zu unterweisen. Ursprünglich waren die Gebäude noch in gotischem Stil errichtet worden, doch wurden sie von zahlreichen Erdbeben spurlos weggefegt. Was übriggeblieben ist, sind Gebäude mit Elementen der Gotik und des Mudéjarstils.
Die im Jahr 1534 gegründete Stadt Quito entwickelte sich rasch und erlangte zur Kolonialzeit eine außerordentlich große Bedeutung.
Am Bau und an der Gestaltung der Stadt beteiligten sich Künstler und Handwerker aus Europa, vor allem Spanier und Flamen, aber auch Indios aus Peru, die schon mit der europäischen Technik vertraut waren. Schneebedeckte, fast immer von Wolken verhängte Vulkane, deren Flanken mit Feldern und ausgedehnten Eukalyptuswäldern überdeckt sind, ragen zu beiden Seiten des Tales von Quito empor. In dieser großen Höhe – das Tal liegt 3100 m über dem Meeresspiegel – ist es ziemlich kalt, und die Sonne scheint nur selten. Sie hüllt sich oft in einen grauen, herbstlichen Dunst, in dessen Licht die Altstadt einen besonders düstern Eindruck macht.

35 Quito. Das Äquatordenkmal erinnert an die wissenschaftliche Expedition, welche die Académie des Sciences in den Jahren 1735 bis 1744 nach Ecuador entsandt hatte, um einen Disput über die Gestalt unseres Planeten zu schlichten. Isaac Newton behauptete, die Erde sei senkrecht zur Erdachse an den Polen abgeplattet, während der französische Topograph Cassini die gegenteilige Meinung vertrat. Nach jahrelangen Kontroversen beschloß die Académie des Sciences, je eine Gruppe von Wissenschaftern zum Äquator und zum Nordpol zu senden, um Gradmessungen längs der Meridiane durchzuführen. Maupertuis leitete die Expedition nach Lappland, La Condamine diejenige nach Ecuador. Diese zweite Expedition war nicht nur von wissenschaftlicher, sondern auch von historischer Bedeutung, denn es war das erste Mal, daß die Spanier nach ihrer Eroberung einer offiziellen fremden Delegation erlaubten, ihre Territorien zu betreten. Anderseits waren Äquatorialmessungen weder in Afrika noch in Asien möglich, da die Länder hier noch unerforscht, dort zu wild und gefährlich waren. La Condamine maß einen Meridianabschnitt unter dem Äquator und bestätigte damit Newtons Theorie. Die Expedition zum Nordpol kam übrigens zum gleichen Ergebnis.

36 Ein Schrumpfkopf, «Tsantsa» genannt, aus Tierfellen, wie er in den Souvenirläden als Erinnerung an die Jívaros verkauft wird. Diese in Ost-Ecuador lebenden Kopfjäger enthaupteten ihre Feinde und schrumpften ihre Köpfe in einem besonderen Verfahren auf die Größe einer Faust. Dieser Schrumpfkopf wurde dann auf einer Lanzenspitze aufgepflanzt. Darum herum wurden anschließend Tänze und magische Riten aufgeführt, die den feindlichen Geist unschädlich machen sollten. Die Jívaros glaubten, der Geist wäre im Kopf, ganz besonders in den Haaren.

37 Die Colorado-Indios sind sehr abergläubisch und schreiben Schlangen die Fähigkeit zu, böse Geister zu vertreiben. Aus diesem Grund hängen sie an jeder Hütte eine Flasche mit Schlangen auf, die in diesem Äquatorialklima sehr häufig sind.

38 Ein Indio zeigt die Samen der Onoto-Pflanze (vgl. Legende 40).

39 Eine Familie von Colorado-Indios, dargestellt durch selbst aus Balsaholz angefertigte Püppchen in einer Rohrhütte. Das relativ große Haus besteht aus einem einzigen Raum mit viereckigem Grundriß; in einer Ecke befindet sich die Feuerstelle; die Betten bestehen aus Strohmatten, die zum Schutz vor der Feuchtigkeit und vor Schlangen ungefähr einen Meter über dem Boden hängen. Auf dem Boden aus gestampfter Erde tummeln sich die Meerschweinchen, welche die wichtigste Nahrungsquelle darstellen.

40 Die Colorado-Indios sind ein bedeutender Stamm in der Sierra westlich von Quito. Sie stammen von den Chibcha ab und sind die einzigen Überlebenden eines Stammes, der einst ganz Ecuador bevölkert hatte.
Ihren Namen verdanken sie der Gewohnheit, Haare und Körper mit einem Farbstoff zu bemalen, der aus den Samen der sogenannten Onoto-Pflanze gewonnen wird.
Hinter diesem Brauch stehen nicht nur ästhetische Gründe; der Saft dieser Pflanze stößt Insekten ab, besonders Moskitos und Ameisen, die in diesen Zonen am Waldrand besonders lästig sein können.
Die Colorados sind friedlich, wenn auch nicht sehr gesellschaftsfreundlich. Sie lassen sich fotografieren, verlangen aber für jede Aufnahme 1 Sucre (ecuadorianische Münze).
Damit können sie ihren Lebensunterhalt bestreiten, gleichzeitig aber auch den im Fotoapparat steckenden Teufel exorzieren.

41 Quito. Die Wallfahrtskirche von Guapulo, die der Hl. Jungfrau von Guadalupe geweiht ist, stammt aus der zweiten Hälfte des 18. Jahrhunderts.
Aus dem Tal von Quito brach im Jahre 1540 Gonzalo Pizarro nach dem sagenhaften Zimtland auf. Ein Teil der Expedition unter Francisco de Orellana erreichte nach monatelanger Flußfahrt die Mündung des Amazonas in den Atlantik. Damit endete eines der größten Abenteuer der Entdeckungsgeschichte.
Auf dem Hauptplatz von Quito erinnert ein Gedenkstein an dieses historische Unternehmen.

1

2

4

3

5

6

7

8

12

13

16

17

20

21

22

25

29

30

40

Die nationalen Andenbahnen

ECUADOR

Linien: Durán/Alfaro–Quito und Quito–San Lorenzo

In Ecuador hatte man schon früh erkannt, daß mindestens ein einfaches Straßen- und Eisenbahnnetz notwendig war, wenn das Land sich weiterentwickeln sollte. Verschiedene Pläne waren vorhanden, doch die Möglichkeit zu ihrer Verwirklichung ergab sich erst im Jahr 1855, als die Regierung einen Kredit in der Höhe von 1 824 000 Pfund Sterling aushandeln konnte.

Die Arbeiten an einem 42 km langen Teilstück im sehr flachen Hinterland von Durán wurden aber erst 16 Jahre später in Angriff genommen. Die Strecke erschloß die Ebene unmittelbar jenseits des Flusses Guayas, wo sich unendliche Bananen- und Kakaoplantagen und riesige Zuckerrohr- und Reisfelder ausdehnen.

Im Jahr 1871 veranlaßte der rasch fortschreitende Bahnbau in Peru und Chile einige Mitglieder der Regierung García Moreno dazu, die Initiative zu ergreifen und den Bau einer 42 km langen Linie von Yaguachi nach Barraganeta energisch voranzutreiben. Diese Strecke war Bestandteil eines bedeutend größeren Projekts, das eine 464 km lange Verbindung von Guayaquil nach Quito vorsah. Der 47 km lange Abschnitt von Yaguachi nach Barraganeta wurde 1872 fertiggestellt. Um 1877, in einer Zeit schwerer politischer Unruhen und wirtschaftlicher Schwierigkeiten, fand der Vorschlag der Regierung, weitere Eisenbahnstrecken zu bauen, kein Gehör. Schuld an diesem Mißerfolg hatten aber auch die englischen Obligationeninhaber; sie waren in großer Sorge wegen der niedrigen Zinsen, die für die 1855, zwanzig Jahre zuvor, gewährten Kredite gezahlt wurden. Zudem verwüstete am 26. Juni 1877 ein Ausbruch des Cotopaxi die ganze Umgebung dieses Vulkans.

Erst Präsident Ignacio de Veintimilla erteilte im Jahre 1879 zu sehr günstigen Bedingungen die Konzession für den Bau der rund 18 km langen Linie von Barraganeta nach Bucay, die 1884 in Betrieb genommen wurde. Im Juli 1885 wurden neue Verträge zur Fortsetzung der Bahnlinie von Bucay nach Quibi und Cajabamba unterzeichnet. Dieser Abschnitt in der Kordillere der Anden war einer der schwierigsten. Auf einer gut 90 km langen Strecke mußte sich die Bahn mühevoll auf Höhen gegen 3000 m emporwinden. Unter den Planern war auch der polnische Ingenieur Ernesto Malinowski, der sich schon um den Eisenbahnbau in Peru große Verdienste erworben hatte.

Im Jahr 1877 wurde auch die Konzession zur Verlängerung der Strecke um 22 km von der Endstation Yaguachi in Richtung Westen nach

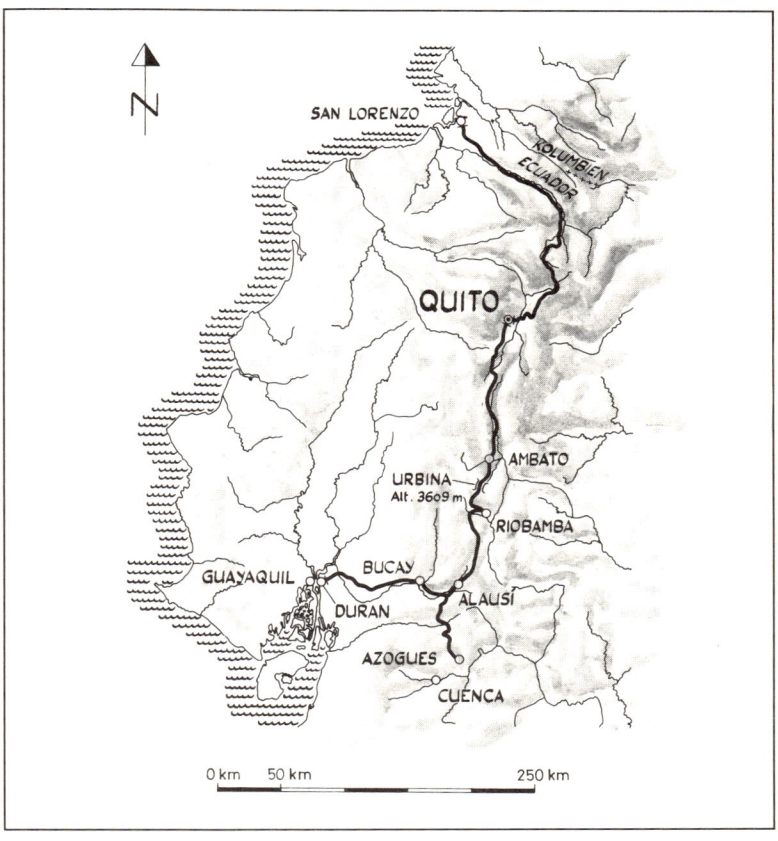

Durán erteilt; sie führt am Südufer des Guayas entlang bis gegenüber von Guayaquil. Die Arbeiten waren Ende 1888 beendet.

Im gleichen Jahr erwarb eine amerikanische Gesellschaft, die «Ecuadorian Improvement Company», die Kontrolle über die bereits im Betrieb stehende Linie Durán–Yaguachi–Bucay und über den im Bau befindlichen Abschnitt zwischen Bucay und Cajabamba.

Die Arbeiten schritten jedoch nur langsam voran, da die steilen Bergabschnitte schwer zu überwinden waren. Außerdem bewog eine Auseinandersetzung um die Kontrolle über die Salzbergwerke zwischen der ecuadorianischen Regierung und der «Ecuadorian Improvement Company» letztere im Jahr 1892 dazu, das so mühevoll begonnene Meisterwerk aufzugeben.

Im Juni 1897 schloß dann die Regierung unter General Eloy Alfaro einen Vertrag mit einer Gesellschaft ab, die eine amerikanische Firma mit der Fertigstellung der Eisenbahnlinie bis in die Landeshauptstadt beauftragte. Die gleiche Firma beschaffte auch das Rollmaterial, baute die Bahnhöfe entlang der Strecke und sorgte für die Verbindung von der Endstation Durán nach Guayaquil über den Fluß Guayas.

Von der lang ersehnten Eisenbahn, die ins Herz der ecuadorianischen Kordillere führen und die Pazifikküste mit den Bergbau- und Landwirtschaftszentren im Landesinneren herstellen sollte, erhoffte man sich einen bedeutenden wirtschaftlichen Aufschwung für Ecuador; sie sollte den Handel mit den Vereinigten Staaten, mit der Westküste und insbesondere mit Kalifornien erleichtern.

Dennoch waren im Jahr 1899 erst 96 km von Guayaquil aus fertiggestellt, und trotz vieler neuer Projekte endete der Schienenstrang nur 9 km hinter Bucay. Zum Rollmaterial gehörten vier Lokomotiven und 35 Waggons.

Die Situation duldete keine weiteren Verzögerungen mehr, und so versammelten sich im Jahr 1900 rund dreitausend Arbeiter und machten sich unter der Aufsicht von Ingenieuren, Bahnmeistern und Vertragsfirmen ans Werk.

Im November 1901 absolvierte der erste Personenzug seine Probefahrt auf der 35 km langen Strecke (Spurweite 1067 mm) von Bucay nach Quibi, die vom technischen Standpunkt aus wahrscheinlich der schwierigste Abschnitt war.

Nachdem sie die Ebenen durchquert hat, steigt die Linie allmählich an und durchquert dichte Wälder mit zahllosen Bächen und Wasserfällen. In Höhen von über 1500 m schlängelt sich die Linie durch enge Schluchten zwischen hohen, runden Hügeln hindurch.

Die über 3000 m hohen Berge konnten nur mit Meisterwerken der Ingenieurkunst bewältigt werden, die zu den schwierigsten und gefährlichsten Unternehmen in der Geschichte der Eisenbahn zählen. Die höchste Felsbarriere, eine senkrecht abfallende Granitwand, ließ sich nur mit einer Serie von Spitzkehren und mit Steigungen bis zu 5½ Prozent überwinden. Auf diese Weise rankt sich die Linie bis nach Alausí empor, einer kleinen, abgelegenen Station auf 2606 m ü.M. Diese Gegend erhielt den Namen *Naso del Diablo* («Teufelsnase»).

Danach verläuft die Strecke durch vulkanisches Gebiet mit tiefen Schluchten und schwefelbedeckten Hügeln und erreicht schließlich wieder einen Punkt, an dem es nicht mehr weiterzugehen scheint.

Abermals bestand die Lösung in einem System von Spitzkehren mit einer Steigung von 5½ Prozent, und so erklimmt die Eisenbahn den Paß von Palmira auf 3238 m. Sie überwindet also auf der nur 50 km langen Strecke von Huigra nach Palmira einen Höhenunterschied von rund 2000 m. Auf dieser Höhe führt die Linie durch trockene Regionen mit Treibsand und schwarzer Vulkanasche, wo nur hie und da ein paar dürre Grasbüschel gedeihen. Von hier aus erblickt man gegen Norden den Cotopaxi in seiner ganzen majestätischen Pracht.

Nachdem das ecuadorianische Hochland, *puna* oder *páramo* genannt, erreicht war, wurden im Jahr 1907 weitere 48 km bis nach Cajabamba gebaut. In diesem Jahr standen demnach 212 Streckenkilometer zwischen Durán und Cajabamba in Betrieb.

Die nächsten Schwierigkeiten bot der folgende Anstieg über Riobamba nach Urbina, dem höchsten Punkt der Linie auf 3609 m, 287 km von Durán entfernt. Immerhin fuhr der erste Zug, der das letzte Teilstück bis Quito eröffnete, bereits am 25. Juni 1908 unter tosendem Beifall der Bevölkerung in der Hauptstadt ein. Damit hatte Quito, damals eine Stadt von etwa 80 000 Einwohnern, über eine 454 km lange Eisenbahnlinie Zugang zum Meer.

Eine Zeitung schrieb: «Ecuador hat seine beiden rivalisierenden Großstädte, Guayaquil und Quito, durch einen 'eisernen' Strang miteinander verbunden. Das Wichtigste an dieser Tatsache ist aber der enorme Zeitgewinn: eine Reise von der Hafenstadt zur Hauptstadt dauert nicht mehr 12 Tage, sondern nur noch 12 Stunden.»

Im Jahr 1925 übernahm die ecuadorianische Regierung die gesamte Strecke Guayaquil–Quito, und sechs Jahre später gab sie die Planungsarbeiten für eine Zweiglinie in Auftrag, die von einem Punkt zwischen Huigra und Alausí aus nach Cuenca, der drittgrößten Stadt des Landes im Süden, führen sollte. Der Baubeginn am ersten, 116 km langen Abschnitt dieser Linie fiel ins Jahr 1936. Die ständigen Finanznöte verzögerten den Fortschritt aber sehr stark. Azogues wurde erst 1954 erreicht, und die letzten 27 km nach Cuenca wurden gar erst 1959 vollendet.

Diese Linie führt in Höhen um 2000 m an der Westabdachung der Anden entlang und endet südlich der «Teufelsnase».

In der Zwischenzeit näherte sich ein anderer Traum seiner Vollendung: die Verlängerung der Eisenbahn über Quito hinaus nach San Lorenzo an der Pazifikküste im Norden des Landes.

Die 1916 aufgenommenen Arbeiten wurden zehn Jahre später nach der Vollendung eines ersten, 173 km langen Teilstücks von Quito nach Ibarra eingestellt. 1927 konnte ein weiterer, 50 km langer Abschnitt zwischen Ibarra und Carchi eröffnet werden. Danach verstrichen fast drei Jahrzehnte, bevor die Arbeiten im Jahr 1954 wiederaufgenommen wurden. In den nächsten drei Jahren bauten rund dreitausend Arbeiter zehn Tunnels und elf Brücken über reißende Bergbäche, um die Gleise auf weiteren 50 km verlegen zu können. An verschiedenen Stellen verunmöglichten der Dschungel und die steilen Berghänge den Einsatz von Bulldozern und andern schweren Baumaschinen, so daß die Nivellierarbeiten von Hand erledigt werden mußten.

Um einen weiteren Anreiz für die Vollendung des letzten Abschnitts nach San Lorenzo zu geben, wurde der dortige Hafen ausgebaggert, damit auch große Ozeanriesen anlegen konnten. Und am 10. März 1957 war es dann soweit: Vertreter der Regierung schlugen mit einem Hammer den letzten Gleisnagel der Strecke Quito–San Lorenzo ein. Die 373 km lange Linie verhalf aber nicht nur der Landeshauptstadt Quito zu einem zweiten Zugang zum Pazifik; sie erschloß auch neue Märkte mit rund 800 000 ha fruchtbaren Landes in den Provinzen Imbabura und Esmeraldas.

Große Verdienste um die Vollendung dieser Eisenbahn erwarben die französischen Ingenieure, die das Projekt mit großem Einsatz und viel Mut zu Ende führten. Sie übernahmen neue Bautechniken, welche die Société Nationale des Chemins de Fer Français (S.N.C.F.) erprobt hatte, und bauten so eine der modernsten Eisenbahnlinien Südamerikas mit verschweißten Schienen, einphasigem Industriestrom, halbautomatischen Kupplungen und elektronischen Signalelementen.

Die 80 Tonnen schweren dieselelektrischen Lokomotiven überwanden nun spielend leicht die steilen Strecken zur Kordillere der Anden hinauf.

Oft rächte sich aber die von der menschlichen Intelligenz verletzte Natur auf grausame Weise, und ihr Zorn richtete sich besonders heftig und oft auf die Strecke Guayaquil–Quito. Sintflutartige Regenfälle überschwemmten das Gleis auf vielen Kilometern und verursachten schwere Schäden an verschiedenen Einrichtungen, besonders an den Brücken.

Ecuador könnte heute ohne Eisenbahn nicht mehr existieren, und die staatliche Eisenbahngesellschaft Empresa Nacional de Ferrocarril del Estado (ENFE) sorgt für einen reibungslosen Betrieb. Die gesamte Strecke weist eine Spurweite von 1067 mm auf.

Die Linie Durán/Eloy Alfaro–(Guayaquil–) Quito wird heute dreimal wöchentlich bedient. Die Reise dauert zehn Stunden. Täglich verkehren Züge auf den Strecken Durán–Milagro und Durán–Alausí, und zweimal in der Woche fährt ein Zug zwischen Durán und Riobamba. Auf der Linie Quito–San Lorenzo verkehrt täglich je ein Zug auf der ganzen Strecke in beiden Richtungen, und zwei weitere Züge bewältigen den täglichen Lokalverkehr zwischen Ibarra und San Lorenzo.

Entgleisungen ohne schwere Folgen aufgrund von leichten Terrainverschiebungen gehören auf der Strecke Guayaquil–Riobamba fast zur Tagesordnung. Dank des großen Einsatzes der Eisenbahnbeamten und dank der freiwilligen Mithilfe der Passagiere gelingt es meist, die aus den Schienen gesprungenen Wagen unter Verwendung von Steinen und Holzbrettern innerhalb von wenigen Stunden wieder aufzugleisen. Wenn der Zug unterwegs auf dem Land anhält, entsteht in kurzer Zeit ein regelrechter Markt; von Fischen über Ananas zu Bananen wird den Passagieren so ziemlich alles angeboten. Und die Halte eignen sich gut dazu, sich mit Eßwaren und andern Gütern einzudecken.

Für die Indios, die meistens mit all ihrem Hab und Gut auf den Wagendächern reisen, um den Fahrpreis nicht bezahlen zu müssen, bedeutet der Zug das Leben.

Außer in den Bahnhöfen und an Kreuzungen ist die ganze Strecke einspurig.

Neben den Zügen bestehen auch tägliche Busverbindungen zwischen Guayaquil und Quito; die Unternehmen Aerotaxis (AT), Transportes Esmeraldas (TE) und Transportes Occidentales (TO) legen die Strecke mit bequemen Reisebussen in acht Stunden zurück.

PERU Zentralbahn

Linien: Lima–La Oroya–Huancayo; La Oroya–
Cerro de Pasco; Huancayo–Huancavelica

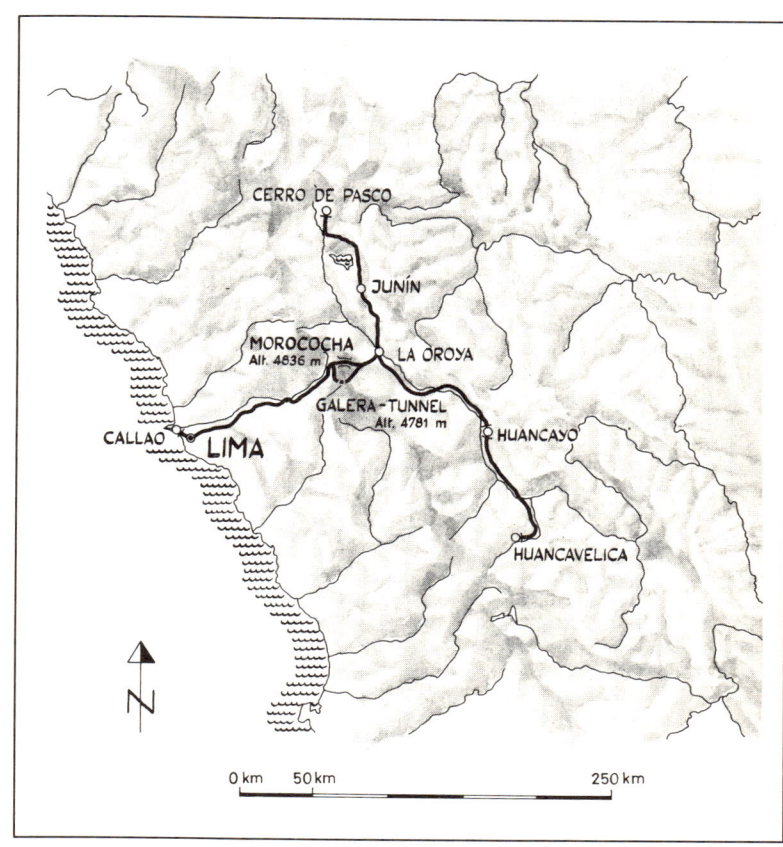

Die schwierige Topographie Perus hat dem
Bau eines einheitlichen Eisenbahn- oder Straßennetzes schon immer große Hindernisse in
den Weg gestellt. In unmittelbarer Nähe der
Küste erhebt sich die Westkordillere der Anden,
deren in einer Doppelreihe angeordnete Gipfel
oft mehr als 6000 m hoch aufragen.

Hinter dieser Kette, jenseits des Altiplano
mit seinem Hochland und den jungfräulichen
Wäldern, erhebt sich die Ostkordillere.

In Peru existiert die zweithöchst gelegene
Hauptbahnlinie der Welt mit einem Scheitelpunkt von 4781 m.

Im Jahr 1851 wurde die erste Eisenbahnstrecke Perus erbaut; sie weist eine Spurweite
von 1435 mm auf und verbindet mit ihrem 14 km
langen Gleisstrang die Städte Callao und Lima.

Im Jahre 1859 erteilte Präsident José Balta
dem amerikanischen Ingenieur Henry Meiggs
die Konzession für den Bau und Betrieb einer
Eisenbahn von Lima ins Landesinnere, nach
Jauja (zwischen La Oroya und Huancayo). Der
polnische Ingenieur Ernesto Malinowski übernahm die Planung der Streckenführung. Diese
Bahn, die die steile Abdachung der Anden überwindet und über das Hochland bis in die westli-
chen Ebenen führt, sollte eine Verbindung zwischen der Westküste Südamerikas und den
nicht nur für Mittel- und Nordamerika, sondern
auch für Europa wichtigen Handelszentren am
Atlantik herstellen oder doch verkürzen, denn
sie machte den langen und gefährlichen Seeweg
um das Kap Hoorn überflüssig. Überdies sollte
sie natürlich dem Erztransport von La Oroya
und Cerro de Pasco an die Pazifikküste dienen.
Sie sollte die Möglichkeit bieten, rasch Material
und Maschinen für den Bergbau, Lebensmittel,
Post und Personen von der Küste her in die andinen Hochebenen zu transportieren.

Im Januar 1879 wurden die Bauarbeiten an
der peruanischen Zentralbahn aufgenommen.
Schon von allem Anfang an gab es erhebliche
Schwierigkeiten geologischer Art, denn es galt,
innerhalb von wenigen Kilometern große
Höhen zu erreichen. Zwischen Chosica und
dem Indiodorf San Bartolomé bei Streckenkilometer 62 (von Callao aus bei km 76) mußten
zahlreiche Tunnels durch den harten Granit
gehauen und unzählige Schluchten überbrückt
werden. Auf diesen 62 Eisenbahnkilometern
vom Meer aus wird bereits eine Höhendifferenz
von 1513 m überwunden.

Nach weiteren 16 km durch äußerst schwie-
riges Gelände erreicht die Linie in einer Höhe
von 1800 m ü. M. eine wilde, malerische
Schlucht. Dieses Hindernis konnte nur mit einer
der höchsten und schwierigsten Brücken der
Welt überwunden weden, mit dem berühmten

Verrugas-Viadukt. Sein Mittelpfeiler ruht auf einem gewaltigen Gerüst, das ganz unten in der Schlucht verankert ist. Die Brücke ist 175,26 m lang und ungefähr 10 m breit. Die Bauelemente wurden nach Maß angefertigt und per Bahn von der Küste her zur Baustelle transportiert.

Der Bau dieses Werks wurde allerdings durch eine geheimnisvolle und bösartige Krankheit verzögert, der Hunderte von Arbeitern zum Opfer fielen; das Verruga- oder Oroyafieber schien unaufhaltbar zu sein und gefährdete eine Zeitlang sogar das ganze Unternehmen.

Im Jahr 1889 wurde das erste Brückengerüst durch ein heftiges Gewitter und schwere Lawinen zerstört. Es mußte später noch zweimal neu aufgebaut werden, und die letzte Konstruktion erhielt den Namen des peruanischen Arztes Carrión, der sich selbst opferte beim Versuch, die Ursachen dieser geheimnisvollen Krankheit zu ergründen.

Jenseits der Verrugas-Schlucht beschreibt die Linie zwei 180°-Kurven und führt durch einsames Gebiet ins Tal von Matucana, wo sie 27 km nach San Bartolomé eine Höhe von 2390 m ü. M. erreicht. In dieser Höhe kamen die Maultiere nur noch unter großen Anstrengungen voran. Dadurch wurde der Fortschritt der Eisenbahn erneut aufgehalten. Und die Zahl der Brücken, Tunnels und Viadukte, die zu bauen waren, wurde nicht geringer.

Das größte Problem gab aber der enorme Höhenunterschied auf, der innerhalb von wenigen Kilometern zu überwinden war. Aus diesem Grund benutzten die Ingenieure ein neues System, die Spitzkehren (zu denen man danach auch in Ecuador Zuflucht nahm). Der Zug fährt mit je einer Lokomotive vorn und hinten der Steilwand entlang bergwärts und hält dann auf einem kurzen, flachen, aus dem Fels herausgehauenen Streckenstück an. Nun werden die Weichen umgestellt, die Lokomotiven umgeschaltet, und es geht in entgegengesetzter Richtung

weiter. Auf diese Weise pendelnd konnten weitere 17 km von Matucana zur Schlucht von Tamboraque auf 3009 m bewältigt werden.

Nun wurde das Dynamit auch bei diesem Bahnbau eingeführt, da tierische und menschliche Kraft, je höher die Bahn stieg, immer weniger ausrichtete. Monatlich verbrauchte man rund 500 000 Pfund Pulver und Dynamit. Auch Tunnelbohrmaschinen mit Diamantbohrköpfen kamen zum Einsatz. Diese wirkungsvollen technischen Mittel lösten zahlreiche Einstürze, Gas- und Schwefeldampfeinbrüche aus. Dennoch ging es unverdrossen weiter!

Von Tamboraque nach San Mateo und ins Tal des Rimac steigt die Linie auf einer Strecke von etwas mehr als 6 km um 214 Höhenmeter an. In der Kleinen Höllenschlucht (Infiernillo) mußten die beiden Tunnels, die inmitten senkrecht abfallender Felswände münden, durch einen Viadukt verbunden werden. Dieser Brückenbau war nur unter schwierigsten Bedingungen möglich; die Arbeiter operierten dabei von Plattformen aus, die in großer Höhe über dem Abgrund an Felsvorsprüngen befestigt waren.

Im ständigen Wechsel zwischen Viadukten und Brücken erreichte die Eisenbahnlinie schließlich Chicla auf 3734 m. Der Betrieb auf diesem 141 km langen Teilstück von Callao nach Chicla konnte im Jahr 1877 aufgenommen werden.

Das neue System mit den neun Spitzkehren (insgesamt neunzehn Fahrtrichtungsänderungen) funktionierte bestens. Doch nun stellte sich die Frage, wie man die Züge im Falle eines Bremsversagens aufhalten konnte; auf den steilsten Rampen mit einer maximalen Steigung von 43⁰/₀₀ und mit Kurvenradien von nur 100 m mußten sie sehr schnell hohe Geschwindigkeiten erreichen. Um auf alle Notfälle vorbereitet zu sein, bediente man sich verschiedener Tricks. So baute man zum Beispiel «Rettungsgleise» mit Gegensteigungen ein, wobei die Weichen stets in dieser Richtung gestellt waren und von Hand umgestellt werden mußten, wenn die Fahrt auf dem richtigen Gleis weitergehen sollte. Außerdem wurden hohe Erdwälle, sogenannte «Sandbremsen», aufgeschüttet, und zusätzlich wurden alle Wagen mit Westinghouse-Bremsen ausgerüstet.

In der Zwischenzeit hatte man auch mit den Arbeiten auf dem östlichen Streckenabschnitt begonnen, der von La Oroya ausgeht, einem kleinen Dorf auf 3726 m. Nach 48 km erreicht die Linie ihren Scheitelpunkt im Galeratunnel auf 4781 m ü.M. Von da an führt sie abwärts nach Ticlio. Der mittlere Abschnitt zwischen Chicla und Ticlio wurde 1893 fertiggestellt, und nach Vollendung dieser letzten 30 km konnte nun der Betrieb auf der ganzen, 222 km langen Strecke Callao–Lima–La Oroya aufgenommen werden.

Die 44 ersten Lokomotiven, die nach und nach zwischen 1869 und 1904 in Dienst gestellt wurden, erhielten Orts- und Personennamen, so zum Beispiel: Nr. 1 Oroya; Nr. 2 Lima; Nr. 3 Callao; Nr. 9 Parac; Nr. 12 San Lorenzo; Nr. 14 San Francisco; Nr. 21 Viterbo; Nr. 24 Favorita; Nr. 30 Limena; Nr. 31 Caballito; Nr. 38 Guadalupe; Nr. 44 Verrugas; Nr. 45 Infiernillo; Nr. 46 Galera. Der Aberglaube sorgte dafür, daß es keine Lokomotiven mit den Nummern 13 und 17 gab.

Nach und nach wurden neue Dampflokomotiven vom Typ Consolidation (1D) eingesetzt, und sie hüllten die Berge, Täler und Schluchten der zweithöchst gelegenen Eisenbahn der Welt in dichten Rauch.

Die Fahrt von Lima nach La Oroya dauert sechseinhalb Stunden. Der Scheitelpunkt der Linie im Galeratunnel auf 4781 m wird vom Pazifikhafen Callao aus in 4 Stunden und 48 Minuten erreicht, wobei pro Minute durchschnittlich 17 Höhenmeter gewonnen werden. Obwohl die Bahn auf ihrer ganzen Länge Normalspur aufweist und nur nach dem Adhäsionsprinzip funk-

tioniert, hat sie eine maximale Steigung von 43‰.

Der Bahnhof von Galera ist die zweithöchst gelegene Hauptbahnstation der Welt; er liegt auf 4781 m ü.M.

In Anbetracht der enormen Höhen, welche zu überwinden sind, verfügen alle Wagen über Sauerstoffversorgung. Kein Wunder, daß der Volksmund von «Todeszügen» spricht.

Über siebentausend Arbeiter verloren im Verlaufe der Bauzeit ihr Leben.

Die ständigen Überschwemmungen während der Regenperiode, die vor allem das erste Teilstück kurz hinter Lima im Tal des Rimac bedrohten, waren der Grund dafür, daß das Gleis im Jahr 1925 in die Felswand des Canyons verlegt und ein Teil des Wassers durch Kanäle abgeleitet wurde.

Später wurde auch eine Nebenlinie erbaut, die von Ticlio abzweigt und über Morococha, 4836 m ü.M., zur Hauptstrecke bei Cut Off zurückführt.

Die peruanischen Behörden planten eine Verlängerung der Eisenbahn um 132 km von La Oroya nach Cerro de Pasco, wo es reiche Erzvorkommen gab. Die entsprechenden Arbeiten wurden 1902 begonnen, und 1904 konnte die ganze Linie von La Oroya bis Cerro de Pasco auf 4346 m in Betrieb genommen werden. Dies ist die höchste Stadt der Welt. *Soroche*, die Bergkrankheit, verschont hier weder die Besucher noch die Einwohner. Und sie macht sich hier mit besonderer Heftigkeit bemerkbar.

Von der Hauptstrecke La Oroya–Cerro de Pasco zweigen verschiedene Nebenlinien ab: von Paquia nach Malpaso (ca. 10 km), von Tambo del Sol nach Chirihuain (ca. 40 km), von Shelby nach Huaron (ca. 26 km) und von Ricran nach Casa Laguna (ca. 20 km). Der von Cerro de Pasco nordwestlich zu den Bergwerken von Goyllariaquisga führende Abschnitt (32 km) konnte am 15. November 1907 eröffnet werden.

Die ganze Region ist sehr reich an Boden-schätzen, und so planten die peruanischen Behörden den Bau einer weiteren Eisenbahn-linie von 124 km Länge, die von La Oroya aus in südöstlicher Richtung durch das Tal des Río Mantaro nach Huancayo führen sollte. Sie ver-läuft am Fuß der Cordillera Huaytapallana, deren höchster Gipfel der Nevado Lasuntay Grande ist (5780 m). Diese Linie, die ebenfalls normalspurig ist, konnte 1906 in Betrieb genom-men werden.

Rund zwanzig Jahre später entstand eine 130 km lange Verbindung, diesmal mit einer Spurweite von 914 mm, von Huancayo nach Huancavelica, wo Zinnobervorkommen und reiche Quecksilberminen ausgebeutet wurden. Ein ungefähr 11 km langes Teilstück führt noch weiter nach Lachoc.

Heute betreibt die Empresa Nacional de Ferrocarriles de Peru (ENAFER) all diese Linien. Auf der Strecke Lima Desemparados–La Oroya–Huancayo werden täglich in beiden Richtungen zwei Züge eingesetzt, die für die 332 km fünf-zehn Stunden brauchen. Zwischen La Oroya und Cerro de Pasco verkehrt täglich ein Zug in beiden Richtungen, der die 132 km in 3 Stunden und 20 Minuten zurücklegt. Diese beiden Strek-ken sind normalspurig (1435 mm).

Auf der Schmalspurstrecke Huancayo–Huancavelica verkehren täglich drei Züge; die beiden Triebwagenkompositionen brauchen dreieinhalb, der normale Zug sechs Stunden.

PERU Südbahn
Linien: Mollendo–Arequipa–Juliaca–Puno; Juliaca–Cuzco; Cuzco–Quillabamba

Der Bau der peruanischen Südbahn wurde mit einem Sondergesetz beschlossen, das am 9. Oktober 1860 verabschiedet wurde. Es bevoll-mächtigte die Exekutive, «in möglichst kurzer Zeit» eine Eisenbahnverbindung zwischen Islay und Arequipa herstellen zu lassen.

Der Staat schloß verschiedene Verträge mit privaten Unternehmen ab, ohne daß aber etwas geschehen wäre. Dann wurde am 10. Dezember 1864 ein Abkommen mit den Ingenieuren Patri-cio (Patrick) Gibson und José (Joseph) Pickering unterzeichnet, doch auch in den folgenden vier Jahren ließ der Baubeginn auf sich warten. Erst am 30. April 1868 war es dann soweit: der Inge-nieur Enrique (Henry) Meiggs erwarb die Kon-zession, verlegte den Ausgangspunkt der Linie von Islay nach Mollendo und begann unverzüg-lich mit der Arbeit.

Am 24. Dezember 1870 konnten die ersten 172 km der Eisenbahn zwischen Mollendo und Arequipa in Betrieb genommen werden. Die feierliche Eröffnung der Linie folgte am 12. Ja-nuar 1871. Ausgehend von Mollendo (Schienen-höhe 1,83 m ü.M.) führte die Reise nach Tambo (304,80 m), Cachendo (990,60 m), Huagri (1074 m), Victor (1630,69 m), Uchumayo (1965,96 m), Huaico (1995,70 m), Tiabuya (2057,40 m), Tingo (2217,40 m) und schließlich nach Are-quipa (2301,24 m). Bei Höchstgeschwindigkei-ten von 40 km/h in Kurven und 50 km/h auf Geraden dauerte die Fahrt 6 Stunden und 45 Minuten. Die Spurweite beträgt 1435 mm.

Schon am 15. Januar 1868 waren die weite-ren Strecken von Arequipa nach Juliaca und von dort aus nach Puno auf der einen und nach Cuzco auf der andern Seite bewilligt worden. Wieder wurde Meiggs beauftragt, die Pläne in

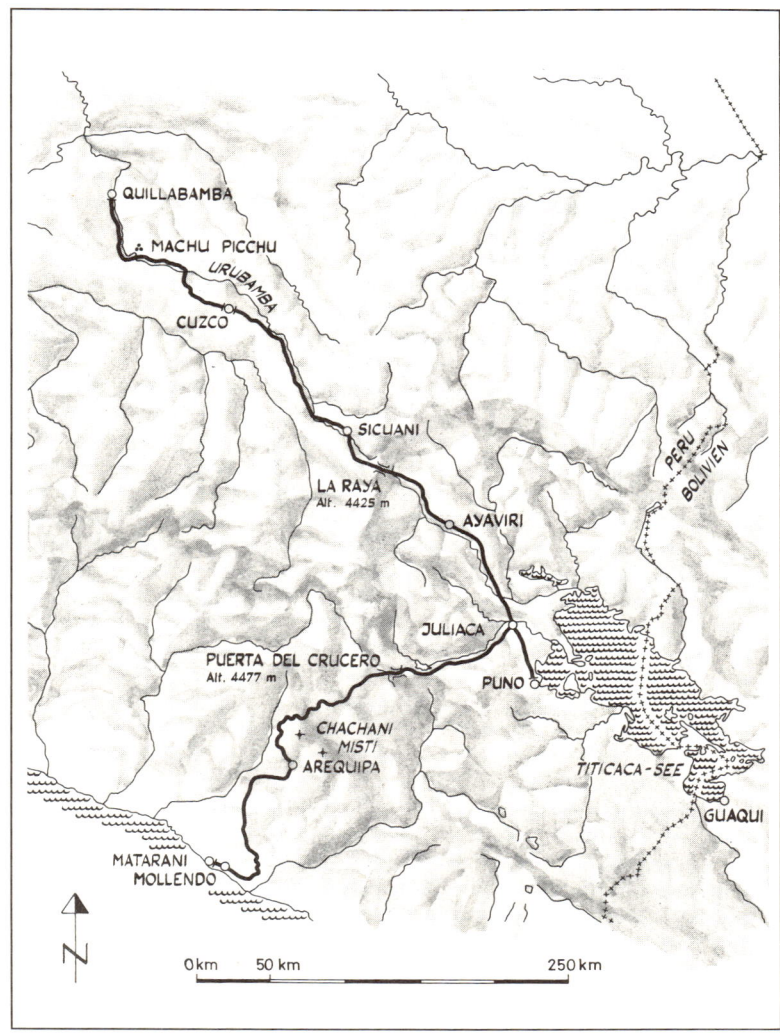

die Tat umzusetzen, und am 18. Dezember 1869 wurden die entsprechenden Verträge unterzeichnet.

Die Bauarbeiten wurden im Jahr 1870 aufgenommen, doch gingen sie sehr langsam vonstatten, weil der Krieg zwischen Frankreich und Preußen die Lieferung des aus Europa stammenden Materials verzögerte. Die Linie verläuft zuerst über einen langen Viadukt, schlängelt sich dann zwischen hohen Bergen durch und erreicht den Fuß des Vulkans El Misti. Von dort aus steigt sie durch grüne und fruchtbare Täler nach Crucero Alto hinauf, wo sie bei Streckenkilometer 187 (von Arequipa aus) den höchsten Punkt auf 4477 m ü.M. überquert. Danach führt sie durch das Seengebiet von Lagunillas zum

Bahnhof Juliaca hinunter (3825 m; Streckenkilometer 304). Die Schienen und das Eisen für den Brückenbau auf der ganzen Linie, welche von England geliefert wurden, erwiesen sich für die starken Steigungen in den Anden bald als ungeeignet und mußten durch amerikanisches Material ersetzt werden. Auch die notwendige Kohle, die in Peru nicht vorhanden war, mußte aus Südwales importiert werden (Transportweg rund 18 000 km!).

Verschiedene Schwierigkeiten, unter anderem solche finanzieller Natur, verzögerten den Bau weiterhin, und so erreichte die Linie Puno erst im Jahr 1876. Puno liegt am Titicacasee, dem höchsten großen Binnensee der Welt (3815 m). Die Züge brauchten für die 351 km von Arequipa nach Puno 12 Stunden und 25 Minuten.

Die gleiche Eisenbahngesellschaft betreibt eine Fährverbindung zwischen Puno und Guaqui am bolivianischen Ufer, von wo aus eine bolivianische Hauptlinie nach La Paz führt.

Das andere Projekt, die Stammlinie in nordwestlicher Richtung von Juliaca nach Cuzco zu verlängern, wurde am 2. Dezember 1871 in Angriff genommen. Obwohl die Strecke keine besonderen technischen Probleme bot, wurden die Arbeiten im Jahre 1875 wegen politischer und finanzieller Schwierigkeiten unterbrochen. Erst zwei Jahre später machte man sich wieder daran, die nächsten 87 km über Sicuani hinaus weiterzubauen.

Zuerst verhinderten eine Choleraepidemie in ganz Südamerika und der Krieg gegen Chile (1879–1883) einen gehörigen Fortschritt des Werkes, später dann die schwere Geldkrise und der Geldmangel, weil Peru seine Nitratvorkommen an Chile verloren hatte. Erst 1890 konnte die Arbeit fortgesetzt werden, und die Linie, die am 18. Juli 1893 bis nach Sicuani in Betrieb genommen werden konnte, wurde am 25. Januar 1894 offiziell feierlich eröffnet.

Der Betrieb auf dem letzten Stück von Sicuani nach Cuzco wurde erst im Jahre 1908 aufgenommen. Praktisch die ganze Strecke verläuft auf Höhen von über 3500 m ü.M. Wenn die Eisenbahn zwischen Araranca und La Raya die schwindelerregende Höhe von 4425 m erreicht, kämpfen nicht wenige Passagiere gegen die dünner werdende Luft. Auch auf dieser Strecke wird Sauerstoff in den Wagen mitgeführt. Die Reise durch das unwegsame Gelände von Juliaca nach Sicuani (197 km) dauerte damals gut und gern fünfeinhalb Stunden, diejenige von Juliaca nach Cuzco sogar lange zehn Stunden.

Die beiden Linien Mollendo–Arequipa–Juliaca–Puno und Juliaca–Cuzco sind normalspurig (1435 mm).

Es sollte über fünfzig Jahre dauern, bis die Eisenbahn von Cuzco aus weitergebaut wurde, diesmal in einer Spurweite von 914 mm. Im Jahr 1960 erklommen die ersten Züge über eine Reihe engster Kurven einen 300 m höher gelegenen Berggrat. Jenseits dieses Passes führt die Linie dann allmählich bergab durch das an subtropischer Vegetation sehr reiche Tal des Vilcanota, des heiligen Flusses der Inka, über dem zu beiden Seiten schneebedeckte Berge aufragen. nach einem weiteren Paßübergang erreicht die Bahn das Tal des Urubamba und fährt am Fuße jenes Berges entlang, auf dessen Gipfel Machu Picchu, die alte Inkastadt, liegt.

Die Strecke Cuzco–Santa Ana ist heute noch nicht fertig ausgebaut, doch wird sie bereits zu touristischen Zwecken benutzt.

Eine Fahrt in einem Triebwagenzug auf dieser Strecke stellt schon ein ganz besonderes Erlebnis dar, vor allem auf jenem Abschnitt, wo ein Paß über Spitzkehren erklommen werden muß. Jedesmal wenn der Wagen am Ende eines Schienenstranges anhält, um dann rückwärts den folgenden Abschnitt zu befahren, steigt ein kleiner Junge aus, stellt die Weiche von Hand um und springt wieder auf. Die historischen Ruinen, die Hiram Bingham im Jahr 1912 entdeckte, lagen im Wald versteckt auf dem Gipfel eines Granitfelsens, der von den Einheimischen Machu Picchu, Alter Berg, genannt wurde. Ihm gegenüber, ein paar Kilometer entfernt, steht sein Gegenstück, der Huayna Picchu, der Junge Berg. Machu Picchu hieß in Wirklichkeit offenbar Vilcabamba und verkörperte während vier Jahrhunderten das geheimnisvolle und legendäre Eldorado der Ostanden; hierher flüchteten nicht nur die Herrscher und Würdenträger der Inka, sondern hier versteckten sie auch den ungeheuren Schatz, den sie nach ihrer Niederlage und nach dem Kampf der Halbbrüder Huascar und Atahualpa um die Inkawürde hatten retten können.

Die ganze Linie dieser sogenannten Südbahn soll nach dem Willen der Peruvian Corporation in absehbarer Zukunft an die Zentralbahn angeschlossen werden.

Der erste Abschnitt der heute existierenden Südbahn, von Mollendo nach Arequipa, wird nicht mehr von Zügen, sondern von modernen Autobussen bedient. Zwischen Arequipa und Puno verkehren täglich zwei Züge, «El Andino», der Tageszug, und «El Chasqui», der Nachtexpreß; sie benötigen für die ganze Strecke zehn Stunden. Von Puno aus sorgt das Fährschiff «Internacional» für die Verbindung nach Guaqui am bolivianischen Ufer des Titicacasees.

Je ein Zug in jeder Richtung, «El Inti» genannt, befährt täglich in 11 Stunden die Strecke Puno–Juliaca–Sicuani–Cuzco.

Die Ruinen von Machu Picchu locken natürlich viele Touristen aus aller Herren Länder an; ein «Tren Turismo» bringt sie in 3 Stunden und 25 Minuten von Cuzco nach Puento Ruinas. Die letzten acht Kilometer von der Bahnstation zur Inkastadt hinauf werden dann in einem Autobus zurückgelegt.

Die Linie führt aber noch weiter, von Cuzco über Huarocondo, Machu Picchu, Santa Teresa und Chaullay nach Quillabamba. Der «Huayna Cápac» und der «Wilcamayo» legen die Strecke jeden Tag dreimal in jeder Richtung in sieben Stunden zurück. Der nächtliche «Directo» verläßt Cuzco um 22.15 Uhr und erreicht Quillabamba um 04.00 Uhr; in der Gegenrichtung fährt er um 22.50 Uhr in Quillabamba ab und kommt um 05.25 in Cuzco an.

Die internationalen Andenbahnen

CHILE–BOLIVIEN UND CHILE–ARGENTINIEN

Chile ist ein Land von äußerst merkwürdiger Gestalt. In Nord-Süd-Richtung erstreckt es sich über mehr als 4000 km, in West-Ost-Richtung hingegen über nicht einmal 200 km. Es präsentiert sich im großen und ganzen mit seinen hohen Bergen als sehr unwegsam. Die kurzen, nach Westen laufenden Flüsse sind oft wild und reißend. Zwei große, nordsüdlich verlaufende Gebirgszüge prägen Chile: im Osten die Hochkordillere der Anden, im Westen die Küstenkordillere. Dazwischen liegen die Hochebenen des Chilenischen Längstales.

Im Norden dehnt sich die Atacama, die Nordchilenische Wüste, aus. In dieser Region mit Berggipfeln von über 6000 m Höhe herrscht ein typisches Wüstenklima, wo es kaum einmal regnet. Zentrum des salpeter- und kupferreichen Nordens ist die sehr moderne Stadt Antofagasta.

Der zentrale Teil des Landes wird von der Natur am meisten begünstigt. Er ist am dichtesten bevölkert und wirtschaftlich am wichtigsten. Hier herrscht ein gemäßigtes, fast mediterranes Klima. Auch hier erheben sich die Berge über 6000 m, und ihr unbestrittener König ist der Aconcagua (6958 m), das sogenannte «Dach Amerikas». Hier liegt die Hauptstadt Santiago auf 500 m ü.M. am Fuß der Anden. Die bedeutendste Hafenstadt am Pazifik ist Valparaíso.

Der südliche Teil Chiles ist durch Fjorde stark zerrissen, besitzt zahlreiche der Küste vorgelagerte Inseln und viel Wald. Die meisten der hier niedrigeren Berge sind schnee- und eisbedeckt. Das Klima ist gemäßigt bis sehr kalt. Das Zentrum des Südens ist die 1550 gegründete Stadt Concepción.

Hauptträger der chilenischen Wirtschaft ist der Bergbau; er bringt dem Land rund 80 Prozent seiner Devisen ein. Neben der Salpeterproduktion steht vor allem die Kupfergewinnung im Vordergrund; die wichtigsten Minen sind Chuquicamata, Porterillos und El Teniente. Auf den nächsten Plätzen in abnehmender Bedeutung folgt die Produktion von Salpeter, Kohle und Eisen. In geringeren Mengen werden auch Gold, Silber und Molybdänerz abgebaut.

Bis zur Entdeckung und Ausbeutung der umfangreichen Bodenschätze in der Atacama zwischen der Pazifikküste und den Anden war der Grenzverlauf zwischen Chile, Peru und Bolivien nicht festgelegt. Nach Jahren heftiger Auseinandersetzungen brach dann 1879 der sogenannte Salpeterkrieg aus, den Chile im Jahr 1883 schließlich für sich entscheiden konnte. Damit gewann es die wichtigen Städte Arica, Antofagasta und Ollagüe.

Antofagasta–Ollagüe–Oruro–La Paz (Chile–Bolivien)

Im Jahr 1884 erhielt die Sociedad de Salitres y Ferrocarriles de Antofagasta die Genehmigung, die im Jahr zuvor bis Pampa Alto fertiggestellte Eisenbahnlinie bis zur neuen Grenzstadt Ollagüe zu verlängern.

Der damals schon bestehende Abschnitt Antofagasta–Calama war 1866 vollendet und im September 1877 offiziell eröffnet worden. Von Antofagasta an der Pazifikküste aus gewinnt die Bahn rasch an Höhe und erreicht schon bald die salpeterreiche Region um Baquedano (1026 m). Danach überquert sie den Río Loa, den einzigen Fluß mit ganzjähriger Wasserführung, und steigt weiter nach Calama.

Vor dem Bau dieser Linie konnte der gesamte Warenverkehr nur mit Hilfe von Maultieren abgewickelt werden, und die Futter- und Wasserprobleme waren natürlich sehr groß. Nach dem Ausbau der Strecke übernahm selbstverständlich die Eisenbahn alle Transporte, und die Oasenstadt Calama, die zuvor bei der Bereitstellung von Futter eine bedeutende Rolle gespielt hatte, wurde jetzt zu einer strategisch wichtigen Eisenbahnstation. Mit der Zeit entwickelte sie sich zum Zentrum der Heuproduktion im Norden des Landes.

Am 1. Januar 1887 übernahm die Empresa Nacional Ferrocarril de Antofagasta a Bolivia den Betrieb der Linie. Die Sociedad Sudamericana de Explosivos errichtete in Calama eine Fabrik, die den gesamten chilenischen und einen Teil des bolivianischen Bedarfs an Sprengstoffen deckte. In Calama befindet sich übrigens neben einem Sonnenobservatorium auch ein Kupfererzbergwerk aus der Inkazeit.

Bei Conchi überquert die Linie dann abermals den Río Loa auf einem 800 m langen Viadukt, der zu den höchsten der Welt zählt. Anschließend passiert sie die großen Wasserreser-

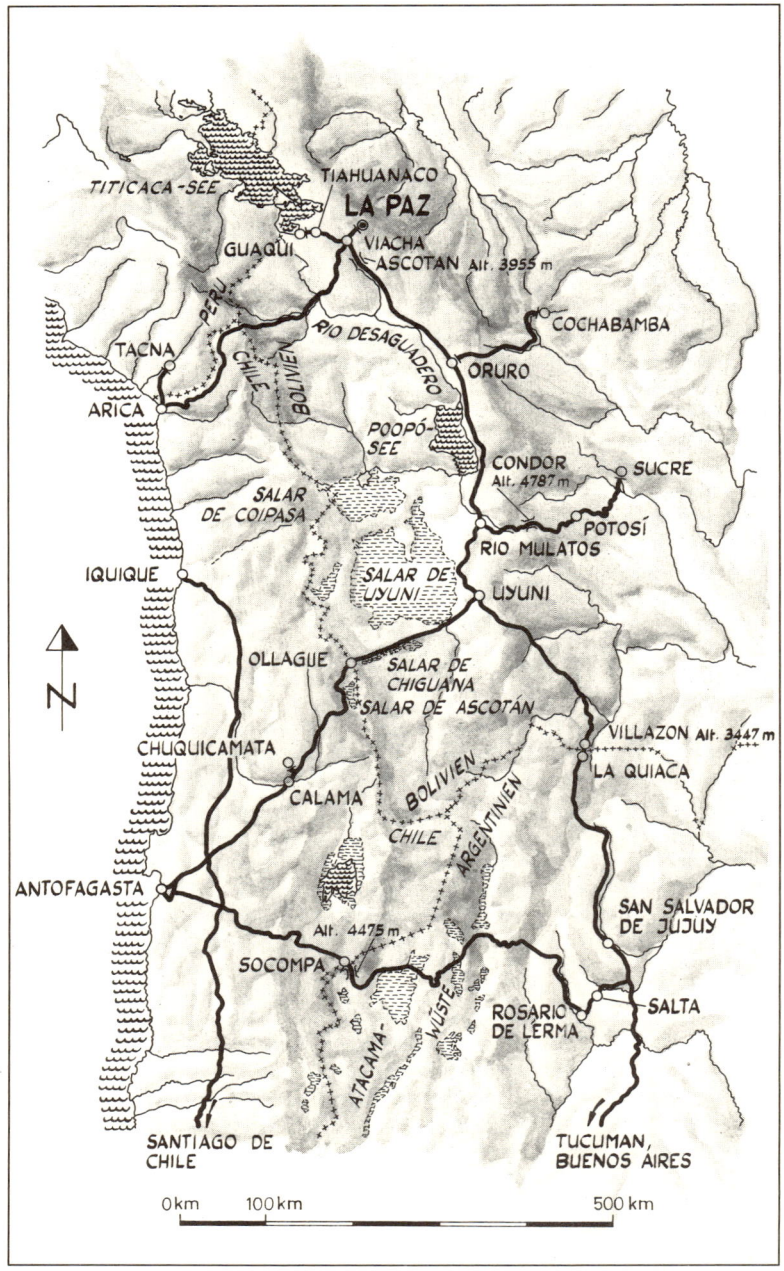

voirs, die zur Salpetergewinnung und zur Versorgung der Stadt Antofagasta angelegt worden sind, und führt dann durch ein fast einen Kilometer breites Lavabett zwischen den schneebedeckten Gipfeln San Pedro und San Pablo hindurch.

Zwischen Ascotán und Ollagüe hat der Reisende einen herrlichen Ausblick auf die höchsten Gipfel der Westkordillere; die Linie selbst erreicht in Ollagüe eine Höhe von 3695 m ü.M.

Wenige Kilometer vor der chilenisch-bolivianischen Grenze liegt die Stadt Ollagüe, am Fuß des majestätischen Vulkans gleichen Namens und umgeben von zahlreichen weiteren Vulkangiganten. Der chilenische Abschnitt der internationalen Linie Antofagasta–La Paz, also die Strecke zwischen Antofagasta und Ollagüe, ist 442 km lang und weist 199 Tunnels und 17 Brücken auf. An der Hauptlinie und an den verschiedenen kleinen Nebenstrecken stehen auf chilenischem Gebiet 27 Stationen, von denen die meisten über Bahnsteigdächer verfügen, um die Passagiere vor Sonne und Unwetter zu schützen. Sechs Stationen dienen als Öl-, vier als Kohlelager.

Von der Grenze aus verläuft der bolivianische Teil der Eisenbahnlinie in nordöstlicher Richtung durch die Hochebene am Salar de Uyuni vorbei. Die 165 km lange Teilstrecke von Ollagüe nach Uyuni wurde 1889 vollendet, und bis 1892 waren auch die restlichen 313 km bis nach Oruro fertiggestellt.

In den folgenden Jahren trug der weitere Ausbau der Eisenbahn viel zur raschen industriellen Entwicklung der Region bei. Vor allem die Kupferproduktion erlebte einen gewaltigen Aufschwung. Man zog es vor, den Natronsalpeter in Fabriken an Ort und Stelle zu raffinieren, anstatt ihn an die Küste zu transportieren und dort zu verarbeiten. Außerdem wurden zahlreiche Nebenstrecken gebaut, um an die reichen Silberminen nördlich von Pulacayo, rund 50 km von Uyuni entfernt, und an die großen Nitratlager von Boquete, ungefähr 130 km von O'Higgins entfernt, heranzukommen.

Die 202 km lange Strecke Oruro–Viacha konnte 1908 in Betrieb genommen werden, und das letzte, 42 km lange Teilstück von Viacha nach La Paz folgte im Jahr 1917.

Die Eisenbahnen, welche den Norden Chiles und seine salpeterreichen Pampas mit den wichtigsten Pazifikhäfen verbinden, ermöglichten es dem Land, bis 1914 ganz allein für 90 Prozent des Weltbedarfs an Natronsalpeter aufzukommen.

Die Bahn weist auf dem chilenischen Teil eine durchschnittliche Jahresfrequenz von 635 250 Passagieren, auf dem bolivianischen eine solche von 73 773 Reisenden auf. Vom Gütertransport entfallen knappe 40 Prozent auf den Verkehr von Chile nach Bolivien und gute 60 Prozent auf den Verkehr in Gegenrichtung.

Eines der schwierigsten technischen Probleme bot die Vereinheitlichung der verschiedenen Spurweiten auf den beiden Streckenabschnitten. In Chile betrug sie 1676 mm, in Bolivien dagegen nur 1000 mm. Die Anpassungsarbeiten, die im Jahr 1926 an die Hand genommen wurden, dauerten lange und waren sehr kostspielig. Pro Monat wurden 250 Waggons umgebaut, 500 Räder ausgewechselt und mehrere tausend neue Räder montiert. Heute ist die ganze Linie auf Meterspur angelegt, und die Nebenstrecken von Oruro nach Cochabamba und von Río Mulato nach Potosí und Sucre waren in den Jahren 1917 und 1926 ebenfalls auf Meterspur umgebaut worden.

Am 24. Juni 1981 wurde der Eisenbahnverkehr auf dem Abschnitt Antofagasta–Calama eingestellt und der Betrieb mit modernen Autobussen aufgenommen. Der kombinierte Eisenbahn-Autobus-Fahrplan sieht heute folgendermaßen aus: am Mittwoch, 09.00 Uhr, Abfahrt per Autobus in Antofagasta, Ankunft in Calama um 12.55 Uhr; Weiterfahrt per Zug und Ankunft am Donnerstag um 14.40 Uhr in La Paz.

Die gesamte Strecke ist 1174 km lang, und der Eisenbahnabschnitt führt auf seiner gesamten Länge durch die Anden; Calama liegt auf 2265 m ü.M., der höchste Punkt bei Río Mulatos auf 3815 m, und La Paz auf 3701 m.

Auf der Rückreise fährt der Zug am Freitag um 12.10 Uhr in La Paz ab und erreicht Oruro gleichentags um 18.15 Uhr, Uyuni am Samstag um 03.30 Uhr, Ollagüe an der Grenze um 10.30 Uhr und Calama um 16.10 Uhr. Der Autobus verläßt Calama um 17.00 Uhr und kommt in Antofagasta um 20.00 Uhr an.

An der landschaftlich nicht sehr interessanten Zweigstrecke Río Mulatos–Potosí liegt übrigens die höchstgelegene Hauptbahnstation der Welt, El Condor, auf 4787 m.

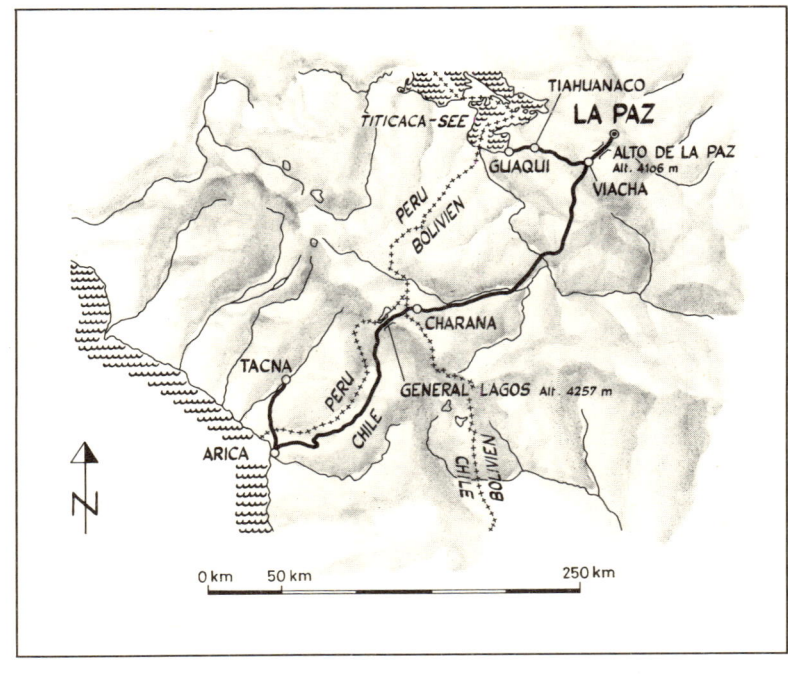

Arica–La Paz (Chile–Bolivien)

Die zweite internationale Eisenbahnverbindung Chiles führt von Arica, der nördlichsten Hafenstadt des Landes unweit der peruanischen Grenze, ebenfalls nach La Paz.

Die Bauarbeiten an den ersten 30 km der meterspurigen Linie, die über 206,4 km auf chilenischem Boden verläuft, wurden 1906 aufgenommen und kamen nur sehr langsam voran. Das Baumaterial wurde von Arica herbeigeschafft. Auf dem chilenischen Teil befindet sich auch der längste Zahnradabschnitt der Welt: er beginnt bei Streckenkilometer 42,7 in Central (1481 m ü.M.) und endet bei Streckenkilometer 112,5 in Puquios (3728 m). Er überwindet bei einer durchschnittlichen Steigung von 6 Prozent einen Höhenunterschied von 2247 m. Die übrigen Adhäsionsstrecken weisen eine maximale Steigung von 2,86 Prozent auf.

Ausgangspunkt der Linie ist Arica, eine Hafenstadt von großer wirtschaftlicher Bedeutung. Interessant ist zu wissen, daß hier eine aus Gußeisen erbaute Kathedrale des berühmten Architekten Eiffel steht; dies war nur möglich, weil es hier nie regnet, weder im Sommer noch im Winter.

Von Arica aus verläuft die Strecke zusammen mit der Linie Arica–Tacna (Peru) entlang dem Pazifik nach Norden. In Chacalluta dreht sie dann brüsk nach Osten ab und steigt dann ungefähr 16 km südlich und parallel der peruanischen Grenze durch das Tal des Lluta hinauf. Auf ihrem Weg durch die Städte Rosario, Pocochile und San Martin beschreibt sie einen ziemlich engen Bogen. In Centra am Fuß der Anden, beginnt dann die Zahnradstrecke nach Puquios. Unterwegs haben die Reisenden einen herrlichen Ausblick auf den weißen Gipfel des Putre, an besonders klaren Tagen sogar auf den 75 km entfernten Sajama in Bolivien.

Bei Villa Industrial zweigt dann eine ungefähr 20 km lange Nebenstrecke nach Nordwesten ab, die zu den Schwefellagern am Fuß des Vulkans Tacora unweit der peruanischen Grenze führt.

Bei Streckenkilometer 184,5 erreicht die Linie dann ihren Scheitelpunkt bei General Lagos auf 4257 m ü.M. und 20 km weiter die Grenzstadt Visviri. Die nächste Station ist dann die nur 3 km entfernte bolivianische Grenzstadt Charaña.

Der bolivianische Altiplano inmitten der Anden ist zusammen mit dem Tibet eine der höchsten Regionen der Welt, die noch bewohnt sind. Hier liegen die wichtigsten Städte des Landes und die höchste Hauptstadt der Welt: La Paz.

Der Altiplano birgt die Bodenschätze Boliviens: Zink, Blei, Wolfram, Silber, Antimon und Zinn. Boden und Klima eignen sich nicht besonders für die Landwirtschaft, doch gestatten sie immerhin den Anbau von Kartoffeln und Gerste.

In diesem Hochland sind noch vier seltene Tierarten vertreten: Lama, Alpaca, Vicuña und Chinchilla.

Der Titicacasee ist der höchstgelegene von Linienschiffen befahrene See der Welt.

Bolivien hatte, ähnlich Peru, im Salpeterkrieg (1879–1883) eine seiner wichtigsten Einkommensquellen, aber auch den direkten Zugang zum Pazifik verloren. Als eine Art Entgegenkommen begann Chile mit dem Bau der Eisenbahnlinie Arica–La Paz. Mehr als die Hälfte dieser Strecke, 209,5 km, liegt auf bolivianischem Territorium.

Dieser Abschnitt wurde am 13. Mai 1913 eingeweiht. Er beginnt in der Grenzstadt Charaña und führt dann über General Abaroa, General Perez, General Campero und General Camacho nach Calacoto. Dort überquert die Linie den Desaguadero, den einzigen Abfluß des Titicacasees, der ungeheure Mengen von Wasser und Geschiebe zum Poopósee transportiert. Die nächste Station ist General Pando, wo eine 7 km lange Nebenstrecke nach Corocoro im Zentrum des Kupferabbaugebiets abzweigt.

Danach durchquert sie den flachen Altiplano und erreicht über General Ballivian, General Comanche und Coniri die Stadt Viacha, einen bedeutenden Knotenpunkt, wo die Linien von Guaqui am Titicacasee, von La Paz und von Antofagasta-Oruro zusammenlaufen. Über El Alto führt sie endlich in die Hauptstadt La Paz.

Der Abschnitt Charaña–La Paz gehört zum bolivianischen Meterspurnetz, das eine Gesamtlänge von 3350 km hat.

Auf der ganzen Strecke Arica–La Paz mußten 70 verhältnismäßig kurze Tunnel und ein paar sehr große Viadukte gebaut werden. Sie ist die einzige transandine Verbindung, die über keinen Scheiteltunnel verfügt. Sie ist auch insofern einzigartig, als sie auf sehr weiten Längen auf Höhen von rund 4000 m ü.M. verläuft, was natürlich die bekannten Probleme mit sich bringt: Bergkrankheit *(soroche)*, Schwierigkeiten beim Kochen, Arbeitserschwernisse aufgrund der großen Temperaturunterschiede zwischen Tag und Nacht.

Die gesamte, 416 km lange Strecke Arica-La Paz wird heute zweimal wöchentlich von Triebwagenkompositionen in 9 Stunden zurückgelegt. Außerdem verkehrt alle zwei Wochen von beiden Endstationen aus ein gewöhnlicher Zug, der für seine Reise über 20 Stunden benötigt.

Antofagasta–Salta (Chile–Argentinien)

Eine internationale Verbindung zwischen Chile und Argentinien wurde erstmals im Jahr 1920 geplant. Sie sollte von der nordchilenischen Hafenstadt Antofagasta nach Salta führen, einem schon seit langem sehr wichtigen Handelszentrum für ganz Südamerika im Norden Argentiniens.

Diese Eisenbahn sollte den Transportweg von Argentinien nach Amerika gegenüber der alten Route über den Río Paraná nach Buenos Aires und Kap Hoorn gewaltig abkürzen. Sie würde auch den Verkauf argentinischer Produkte (Gemüse, Fleisch, Felle, Getreide und Zucker) im stark bevölkerten Norden Chiles fördern. Anderseits könnte Chile Meeresfrüchte, Fertigprodukte, Salpeter, Kupfer, Schwefel und Eisenerz exportieren, die für die argentinische Industrie von großer Bedeutung sind.

Das erste, 152 km lange Teilstück mit einer Spurweite von 760 mm zwischen Antofagasta und Augusta Victoria konnte im Jahr 1922 in Betrieb genommen werden. Im Jahr 1929 wurde es auf Meterspur umgebaut, und 1932 wurde die Linie nach Socompa an der Grenze verlängert.

Im Jahr 1935 wurde der Bau der neuen Transandenbahn durch Probleme technischer und finanzieller Natur ziemlich stark verzögert. Vor allem der argentinische Teil bot sehr große Schwierigkeiten, ging es doch darum, rund 570 km Gleis durch trockenes, stark erodiertes Gelände zu verlegen, das die Spanier einst «Land der Verzweiflung und des Todes» genannt hatten.

Zwischen der Entwicklung der ersten Pläne und der Vollendung der Linie Antofagasta–Salta verstrichen 27 Jahre. Die Gesamtkosten beliefen sich auf 30 Mio. Dollar. Am 17. Januar 1948 wurde der Betrieb auf dem 335 km langen chilenischen Abschnitt Antofagasta–Socompa aufgenommen, und am 20. Februar des gleichen Jahres konnte das 570 km lange argentinische Teilstück Socompa–Salta eröffnet werden. Im ganzen mußten 28 Tunnels und 36 Brücken über Schluchten und Flüsse gebaut werden.

Von Salta aus führt die Strecke westwärts über mehrere Pässe und durch den engen Canyon des Flusses Rosario. Dann gewinnt sie in zwei weiten Schleifen über Schluchten und durch Tunnels rasch an Höhe und erreicht in der Station von Muñano den höchsten Punkt auf argentinischem Gebiet (3953 m). Die Schlucht unterhalb kann nur dank einer Serie von Spitzkehren in einer senkrecht abfallenden Felswand überwunden werden. Von Muñano aus fällt die Linie sanft nach San Antonio de los Cobres, einem kleinen Dorf ganz verborgen zwischen unwegsamen und hohen Andengipfeln. Auf ihrem weiteren Weg überquert sie dann den berühmten Polverillo-Viadukt und erreicht zwischen hohen Bergen hindurch ihren Scheitelpunkt bei Abra de Chorrolis (4475 m). In Punta Cauchari wendet sie sich brüsk nach Südwesten und führt durch eine weite, wüstenartige Hochebene zur Grenzstation Socompa auf 3858 m ü.M. Hier befinden sich auf der chilenischen Seite große *corrals,* in denen das importierte Vieh zusammengetrieben, sortiert und gezählt werden kann. Außerdem sind verschiedene Gleisabschnitte überdacht, um die Reparatur- und Unterhaltsarbeiten an den Lokomotiven zu erleichtern.

Von der Grenze aus fällt die Linie allmählich über lavabedeckte Flächen und salpeterreiche, endlose Pampas nach Augusta Victoria und Antofagasta.

Die Ferrocarriles Argentinos nennen die Transandenbahn des Nordens «Tren a las Nubes», Zug zu den Wolken, und sagen dazu: «Die 219 km lange Strecke verbindet die Schönheiten der Landschaft auf einzigartige Weise mit einem Hauch von Abenteuer, und sie gibt Gelegenheit, ein Eisenbahnwerk, das in Argentinien und sicherlich auf der ganzen Welt nicht seinesgleichen hat, in seiner ganzen Größe bewundern zu können.»

Zur Zeit ist nur der argentinische Abschnitt in Betrieb. Die Ferrocarriles Argentinos nennen ihn Línea General Belgrano; täglich legt je ein Zug in jeder Richtung die 570 km in rund 20 Stunden zurück. Zwischen Socompa und Antofagasta verkehren moderne Autobusse der Linie AI (Autobus Internacional).

Valparaíso–Mendoza (Chile–Argentinien)

Die zweite internationale Eisenbahnverbindung zwischen Chile und Argentinien führt von Valparaíso nach Mendoza und Buenos Aires. Die sogenannte Zentrale Transandenbahn ist insgesamt 411 km lang und erreicht eine Höhe von 3190 m ü.M. Auf argentinischem Territorium stehen noch Dampflokomotiven im Einsatz, während der chilenische Streckenabschnitt elektrifiziert ist. Das Teilstück Mendoza (Argentinien)–Los Andes (Chile) weist eine Spurweite von einem Meter und vier längere Zahnradabschnitte auf.

Im Jahr 1872 erteilte die argentinische Regierung die Konzession zum Bau einer Eisenbahnlinie bis an die chilenische Grenze. Die Arbeiten wurden im Jahr 1887 aufgenommen, gleichzeitig mit denjenigen auf der chilenischen Seite.

Von Mendoza aus führt die Strecke nach Blanco Encalada (erreicht am 22. Februar 1891), Porterillos, Guido, Uspallata (1. Mai 1892), Polveradas, Punta de Vacas (17. November 1893), Puente del Inca (1. Mai 1902) und schließlich nach Las Cuevas (24. April 1903). Damit waren 181,7 km in Betrieb.

Die chilenische Regierung hatte den Bau der Eisenbahn 1874 bewilligt. Die Bauarbeiten

schritten ab 1887 allerdings nur langsam voran, da das Gelände große Schwierigkeiten bot. Ausgangspunkt der Linie ist die Hafenstadt Valparaíso. Sie führt über Viña del Mar (Streckenkilometer 9), Quilpué (22) und La Calera (68) nach Llay Llay (83). Hier zweigt die 103 km lange Hauptstrecke nach Santiago de Chile ab. Die internationale Linie hingegen strebt der Andenkordillere zu und erreicht nach weiteren 46 km Los Andes.

Und hier begannen die Schwierigkeiten erst recht! Von Los Andes aus steigt die Linie mit einer durchschnittlichen Steigung von über 2 Prozent über Vilcuya (15,58 km), Riecillos (12,72 km) nach Río Blanco (5,5 km). Das letzte Teilstück war aber ohne Zahnstangenabschnitte nicht zu überwinden. Der erste ist 10,53 km lang und weist eine Steigung von 8 Prozent auf; er beginnt in Río Blanco (Streckenkilometer 33,8) und endet bei Streckenkilometer 44. Der zweite beginnt kurz danach, bei Streckenkilometer 44,38; er ist 6,37 km lang und führt mit einer Steigung von 7,7 Prozent nach Hermanos Clark. Der dritte Abschnitt ist 12,54 km lang, weist einen Kehrtunnel auf und führt mit einer Steigung von 7 Prozent nach Portillo. Der vierte schließlich ist 5,78 km lang und endet in Caraco-

65

les. Bis nach Los Andes sind es noch weitere 69,02 km. In einem Tunnel wird die Grenze zwischen Chile und Argentinien unterfahren, und nach 5,25 km wird der argentinische Grenzbahnhof Las Cuevas erreicht. Die ganze Strecke wurde erstmals am 4. April 1910 befahren. Die Distanz zwischen Valparaíso und Mendoza beträgt 411 km; davon liegen 208 km auf chilenischem, 203 km auf argentinischem Territorium. Der Abschnitt Valparaíso–Los Andes hat eine Spurweite von 1676 mm, derjenige zwischen Los Andes und Mendoza eine solche von einem Meter.

Wegen dieser unterschiedlichen Spurweite mußten Personen- und Güterwagen mit veränderlichem Radstand angeschafft werden. Die erforderlichen Umstellungsarbeiten wurden in Los Andes ausgeführt.

Weitere Probleme ergaben sich aus der Tatsache, daß der chilenische Streckenteil bis Las Cuevas elektrifiziert ist (3000 V Gleichstrom), auf dem argentinischen Abschnitt aber Dampf- oder Diesellokomotiven eingesetzt werden müssen.

Im Jahr 1934 zerstörte der über die Ufer tretende Fluß Mendoza die Gleisanlagen zwischen Mendoza und Punta de Vacas. Der Wiederaufbau begann erst 1942; am 15. November des gleichen Jahres konnte der Betrieb auf dem Abschnitt Mendoza–Porterillos wiederaufgenommen werden; am 4. November 1943 konnte auch die Strecke Porterillos–Uspallata wieder befahren werden, und am 24. März 1944 war dann auch der letzte Teil bis Punta de Vacas wieder betriebsbereit. Dies war sehr wichtig, denn von dieser Verbindung hing während des Zweiten Weltkriegs sehr viel ab. Damals wurde dann auch der argentinische Streckenteil von der Argentinischen Staatsbahn übernommen.

Besonders erwähnenswert auf dem chilenischen Abschnitt ist der Portillo-Kehrtunnel. Er überwindet einen Höhenunterschied von 135 m, und die beiden Tunnelmündungen liegen in Luftlinie 400 m auseinander. Alle Tunnel zwischen Valparaíso und Mendoza weisen einen Querschnitt von 15 Quadratmetern auf, und der Cumbre-Tunnel liegt mit 900 m am tiefsten unter der Erdoberfläche. Dadurch steigt die Temperatur in seinem Innern nie über 30°; dies erleichterte seinerzeit die ohnehin schon schwierigen Bedingungen der Bauarbeiter.

Mit Vertrag vom 26. Juli 1962 wurde der Austausch von Rollmaterial (Personen- und Güterwagen) zwischen Los Andes und Mendoza geregelt.

Heute verkehrt nur je eine Triebwagenkomposition täglich zwischen Valparaíso und Los Andes; die Fahrt dauert 2 Stunden und 30 Minuten. Die ganze Strecke Valparaíso–Mendoza wird mit Autobussen bedient. Von Mendoza aus führt die 1043 km lange Linie «General San Martín» (Spurweite 1676 mm) nach Buenos Aires. Die argentinischen Schnellzüge «El Libertador», «El Sanjuanino», «El Zonda» und «El Sanrafaelino» legen die Strecke in rund 14 Stunden zurück.

DER «PANAMERICANO»: ARGENTINIEN–BOLIVIEN–PERU

Dies ist die längste aller transandinen Eisenbahnen. Sie verbindet die Andenbahnen Chiles und Boliviens mit der Südbahn und eines Tages vielleicht auch mit der peruanischen Zentralbahn.

Im Jahr 1894 unterzeichneten Regierungsvertreter Argentiniens und Boliviens einen Vertrag über den Bau einer Eisenbahnlinie, die in Verlängerung der Ferrocarril Central Norte von Buenos Aires über La Quiaca, Villazón, Tupiza und Atocha nach Uyuni geführt werden sollte. Der erste Streckenabschnitt von Uyuni nach Atocha auf bolivianischem Gebiet konnte am 1. März 1913 dem Verkehr übergeben werden; der zweite Abschnitt Atocha–Tupiza folgte im Jahr 1924, der dritte von Tupiza nach Villazón ein Jahr später. Gleichzeitig wurde der Betrieb auf dem argentinischen Teilstück San Salvador de Jujuy–La Quiaca–Villazón aufgenommen.

Jujuy liegt auf 1300 m ü.M. inmitten einer kargen Bergwelt, wo riesige Kakteen gedeihen. In Huacalera, auf über 2000 m, wird der Wendekreis des Steinbocks überquert, und in der Gegend von Humahuaca wird die 3000-m-Grenze erreicht. Und hier nehmen Land und Leute nun sehr typische indianische Züge an. Hier sieht man Lehmhütten mit Strohdächern, Männer in bunten «ponchos» und Frauen in weiten Blusen und Röcken.

In La Quiaca an der Grenze zwischen Argentinien und Bolivien legt der Zug einen längeren Halt ein. Dann fährt er weiter nach Villazón in Bolivien auf 3447 m ü.M. Zwischen Villazón und Atocha durcheilt er mehrere Tunnel, die aus sehr hartem Gestein ausgebrochen werden

mußten. Danach durchquert er in gerader Linie eine fast menschenleere Hochebene und kommt dann in Uyuni an.

An einem Donnerstagabend um sechs Uhr besteigen wir in Buenos Aires den «Panamericano». Die Spurweite beträgt 1676 mm. Der Zug fährt ab, und über San Pedro, San Nicolás, Villa Constitución, Rosario Norte, San Lorenzo und Selva erreicht er San Miguel de Tucumán, wo er am Freitag um 13.00 Uhr ankommt. Hier endet die Linie «General Mitre» und beginnt die Linie «General Belgrano» mit einer Spurweite von einem Meter. Um 15.30 Uhr geht die Fahrt weiter nach Güemes, wo die Linie nach Salta abzweigt. Um 20.50 Uhr treffen wir in Jujuy ein. Um 21.54 verläßt der Zug Jujuy und erreicht am Samstagmorgen um 05.45 Uhr die bolivianische Grenze bei La Quiaca/Villazón. Um 13.00 Uhr fährt der Zug in Richtung Uyuni ab, wo er um 21.12 Uhr ankommt. Hier zweigt die zweite Andenbahn nach Antofagasta ab. Über Poopó, Oruro und Viacha geht es weiter nach La Paz. Es ist 09.34 Uhr am Sonntag, und wir haben 2667 km zurückgelegt. Aber kurz vor La Paz, in Viacha nämlich, wo die Linie von Arica einmündet, kann man den Zug nach Guaqui nehmen und dort auf die Fähre über den Titicacasee umsteigen. Abfahrt in Viacha ist am Dienstag um 13.30 Uhr. Von Puno aus führt die Südbahn weiter nach Juliaca, Sicuani, Cuzco und Chaullay oder von Juliaca zum Pazifik hinunter über Arequipa nach Mollendo. Und hier ist die Fahrt dann zu Ende.

Es ist für den Autor eine angenehme Pflicht, an dieser Stelle auf das Buch RAILWAYS ACROSS THE ANDES von Edgar A. Haine (Pruett Publishing Company, Boulder, Colorado, 1981) hinzuweisen, das ihm bei der Abfassung des vorliegenden Beitrags eine unentbehrliche Hilfe war.

42 Wie alle Großstädte der Welt ist auch Lima von Barackenvierteln umgeben. In diesen **barriadas** wohnen die armen Leute, die vom Land in die Stadt gezogen sind. Auf den öden Hügeln am Stadtrand erbauen sie sich in wildem Durcheinander ihre Behausungen, die oft nur aus geflochtenen, mit Schlamm verputzten Strohmatten bestehen.

Die große Bevölkerungszunahme in den letzten Jahrzehnten hat auch enorme wirtschaftliche und soziale Probleme mit sich gebracht; so führt Lima zum Beispiel die traurige Liste der Orte mit den meisten Verbrechen an.

Lima wurde im Jahr 1535 von den Spaniern gegründet. La Ciudad de los Reyes, wie sie damals hieß, war lange Zeit die Hauptstadt der spanischen Besitzungen in Südamerika. Das historische Zentrum ist reich an prächtigen Häusern aus der Kolonialzeit. Besonders auffällig sind die herrlich geschnitzten Holzbalkone. Die reichen Leute sind aber schon längst ausgezogen; sie leben heute in den modernen und luxuriösen Vororten am Pazifikstrand.

43/44 Der Bahnhof Desemparados in Lima ist das Zentrum des Güterumschlags. Hier werden die Züge zusammengestellt, die nach La Oroya und Huancayo, den ersten großen Andenorten, abfahren. Die Leistungsfähigkeit des Hauptbahnhofs ermöglicht einen regen Güter- und Personenverkehr.

45 In Peru sind die Schwierigkeiten groß, die sich dem Aufbau eines gutorganisierten und leistungsfähigen Verkehrsnetzes im Inland entgegenstellen. Dies spürt man vor allem bei den Eisenbahnen (weniger als 1 Bahnkilometer pro 100 km²; ca. 7–8 Bahnkilometer auf 10 000 Einwohner), denn hier sind die Berge viel höher als unsere höchsten Alpengipfel: die Linie Lima–La Oroya überquert die Kordillere im Galera-Scheiteltunnel auf einer Höhe von 4781 m ü.M., und die Strecke Arequipa–Puno erreicht 4477 m. Die erste dieser Eisenbahnen sorgt für eine Verbindung zwischen den Bergbaugebieten von La Oroya, Huancayo, Huancavelica und Cerro de Pasco und dem Meer.

46 Die Eisenbahn wurde in erster Linie gebaut, um die Bergbauprodukte aus diesen Regionen abtransportieren und den verschiedenen Verarbeitungszentren zuführen zu können. Zu den wichtigsten Bodenschätzen, die hier abgebaut werden, gehören Gold, Silber, Kupfer und Blei.

47 Jeden Tag um 7 Uhr fährt ein Zug in Lima ab und kommt nach ungefähr 14 Stunden in Huancayo an. Er ist praktisch das einzige Verkehrsmittel, mit dem die Indios die hoch in den Anden gelegenen Orte erreichen können. Und dennoch ist diese Möglichkeit einigen wenigen vorbehalten. Denn trotz täglicher Fahrten muß man sich mindestens drei Monate im voraus um eine Fahrkarte bemühen. Zutritt zum Bahnhof erhält nur, wer im Besitz einer gültigen Fahrkarte ist.

48/49 Chosica liegt rund 60 km von Lima entfernt auf einer Höhe von 1000 m ü.M. am Fuß der Anden. Hier, in der sogenannten «Sonnenstadt», verbringen die begüterten Familien aus Lima die Wintermonate (Juni–Dezember), denn die Kälte des Humboldtstroms bewirkt in dieser Zeit eine dichte Nebeldecke über der Hauptstadt.

Vom Bahnhof Chosica aus fahren die Bergarbeiter in die Bergbauzentren von Casapalca und Cerro de Pasco.

50 In Chosica wird zum ersten Mal die Lokomotive ausgetauscht, die dann an den Gegenzug angekoppelt wird. Weitere Maschinenwechsel erfolgen mit zunehmender Höhe immer häufiger. Dies ist notwendig, da die Motoren der Lokomotiven der zunehmend dünner werdenden Luft angepaßt sind.

51 *Prohibido el paso peatonal* – Durchgang für Fußgänger verboten. Unterzeichnet vom Gemeinderat. Dieses Schild mit seiner roten Schrift ist deutlich sichtbar. Wie ebenso deutlich zu erkennen ist, kümmert man sich kaum darum.

52 Auf der Strecke Lima–Huancayo entfalten sich die Schönheiten der andinen Landschaft bis zur Überwältigung; das Außergewöhnliche wird typisch, das Typische mit zunehmender Ermüdung endlich normal.

53/54 «Lima–Huancayo. Man hat eher das Gefühl zu fliegen, als auf zwei stählernen Strängen dahinzufahren. Zwischen den vielen Tunneln durchstößt der Zug tiefhängende Wolkenbänke: nicht von ungefähr nennt sich diese Linie ‹Eisenbahn zwischen den Wolken›. Häufig erhält sie aber noch eine andere, vielleicht sogar passendere Bezeichnung: ‹Eisenbahn des Todes›. Noch heute erinnert man sich der fürchterlichen Seuche (Oroyafieber, Verruga peruviana), die während der Bauzeit über 7000 Menschen dahinraffte. Die entlang der Strecke zerstreuten Gräber sind stumme Zeugen. Und noch immer sorgen Dutzende von Unglücksfällen für ständige Lebensgefahr. Und so

nenne ich die höchste Eisenbahn der Welt in meinem Tagebuch doch lieber **Ferrocarril del centro** (Zentralbahn). Wir befinden uns bald auf Mont-Blanc-Höhe, und man muß sich jede Bewegung genau überlegen und langsam atmen; eine Hyperventilation kann zu einem Kollaps oder zu etwas noch Schlimmerem führen.

Zwei Argentinierinnen sind zu Boden gesunken. Sie leiden unter der Höhenkrankheit; in ziemlich regelmäßigen Abständen erhalten sie Sauerstoff zum Einatmen; ein paar andere Leute beugen sich mit totenbleichen Gesichtern zur Seite und werden von Brechkrämpfen geschüttelt; auch dies ist eines der typischen Symptome des **soroche,** wie die Andenbewohner die Bergkrankheit nennen.

Eine Frau ist in ihrem Sitz zusammengesunken. Man lockert ihr die engen Kleider und zieht ihr die Schuhe aus. Nach ihrem Äußeren handelt es sich bestimmt um eine Ausländerin, vielleicht eine Europäerin. Die kleine Sauerstoffpatrone reicht nicht, sie muß durch eine größere Flasche ersetzt werden. Ein Mitreisender hält ihren Kopf fest, der durch das Schaukeln des Zuges ständig hin- und hergeschleudert wird. Der Gehilfe fühlt den Puls und sagt mir, er sei zu schwach: sie müßte eigentlich in ein Krankenhaus eingeliefert werden, doch das ist hier unmöglich.

In unserem Wagen sieht es aus wie in einem Lazarett. Wir stehen im Bahnhof von Casapalca, auf 4145 m. Es regnet. Ein paar Bergarbeiter steigen aus, sie kauen Kokablätter. Alle leben hier mit Kokain; es ist praktisch unersetzlich, vor allem für die Andenbewohner, die beinahe unmenschlichen Belastungen ausgesetzt sind und zuwenig Nahrung haben.

Der Zug fährt wieder ab und quält sich mühsam weiter durch die Andenkette, von einer Seite zur andern, aus einem Tunnel hinaus und in den nächsten hinein. Gewaltsam dringt er in den Fels ein, und unvermittelt ist man von Rauch und Dunkel umgeben. Aber es geht immer weiter bergauf. In kurzer Zeit werden wir den Scheiteltunnel zwischen Ticlio und Galera erreichen, mit 4781 m den zweithöchsten Punkt einer Hauptbahnlinie überhaupt.»

Aus dem Tagebuch von Enzo Pifferi.

55 «Mehr als eine Stunde liegt das kleine Dorf hinter mir. Zu Fuß habe ich mich in ziemlich unbestimmter Richtung auf den Weg gemacht; ich möchte den Zug fotografieren, wenn er einen der zahlreichen Viadukte überquert, die für die Linie Lima–Huancayo so typisch sind.

Ich befinde mich auf einer Höhe von über 4500 m. Jeder Schritt, mag er noch so langsam sein, hallt in meinem Kopf wider; die Schläfen schmerzen; Herz und Puls schlagen sehr unregelmäßig.

Aber ich muß es schaffen, noch ein paar hundert Meter, und dann bin ich vielleicht an der Bahnlinie. Der Pfad ist sehr steil, manchmal kaum zu erkennen. Die Tasche mit meiner Fotoausrüstung belastet mich zusätzlich. Immer wieder sage ich mir: 'Ruhig, bleib ganz ruhig. Denk dran, wie gefährlich die Hyperventilation ist. Du leidest an Atemnot, atme immer langsamer, so.' Aber es ist nicht einfach, sich mit Worten unter Kontrolle zu halten, und ich bin Ausflüge in derart großen Höhen nicht gewohnt. Je höher ich aufsteige, desto mehr verschlimmert sich die Lage. Ich habe das Gefühl, mein Kopf sei vollständig hohl, ich kann keinen klaren Gedanken fassen, es ist unmöglich, sich zu konzentrieren. Es ist **soroche,** die Höhenkrankheit, die mich packt, und jetzt muß ich mich auch erbrechen. Auch damit hatte ich gerechnet. Ich verlangsame den Schritt, ohne aber anzuhalten, und atme ganz langsam. Um meine Last etwas zu erleichtern, packe ich alle Gegenstände, die ich nicht brauche, aus der Tasche aus.

'Nun mach schon, hinter jener Kuppe ist die Eisenbahn, es kann nicht mehr viel fehlen.' Vielleicht haben sich meine Anstrengungen gar nicht gelohnt, doch jetzt bin ich hier, und ich will mein Ziel erreichen. Und dann sehe ich sie vor mir, gewaltig und eindrucksvoll: die Brücke, von gelber Farbe. Nun brauche ich nur noch auf den Zug zu warten. Brücken dieser Art gibt es mehrere, und die bekannteste von ihnen trägt den Namen 'Infiernillo' (kleine Hölle; in Anbetracht ihrer Lage hätte man keinen besseren Namen wählen können); sie ist nicht weit von hier entfernt. Ein dumpfes Grollen kündigt den Zug an; er donnert mit solcher Gewalt aus der Tunnelöffnung, daß nicht nur die Brücke, sondern das ganze umliegende Gelände erzittert.

Es ist geschafft, meine Aufgabe ist erfüllt. Aber ich kann mich aus meiner Position nicht mehr aufrichten; es ist, als ob ich auf dem Erdboden festgenagelt wäre. Zuerst packt mich Atemnot, dann Panik. Ich versuche zu reagieren, sinke aber in einem Zustand völliger Entrückung wieder zusammen. Mein Geist zersplittert sich in Gedankenfetzen, die wie Teile eines Zusammensetzspiels umherwirbeln. Eine menschliche Gestalt neben mir versucht mich aufzurichten; sie spricht in einer fremden Sprache zu mir; vielleicht ist es Quechua. Er will mir helfen; ich versuche, auf die Beine zu kommen, aber es gelingt mir nicht, ich habe einfach nicht mehr die Kraft dazu. Energisch schiebt mir der Indio etwas in den Mund, etwas Trockenes. Es sind getrocknete Blätter. Instinktiv beginne ich zu kauen. Vom sehr bittern, abstoßenden Geschmack wird mir beinahe übel. Es sind bestimmt Kokablätter. Ängstlich kaue ich weiter, auch wenn ich das Zeug am liebsten ausspucken würde. Gaumen und Zunge sind vollkommen gefühllos geworden. Das Kokain hat seine kräftige, betäubende Wirkung entfaltet…»

Aus dem Tagebuch des Enzo Pifferi

Diese Erfahrung habe ich im Januar 1981 in Peru gemacht. Auf meinen späteren Reisen, so auch im Februar 1982, habe ich stets eine gewisse Menge Kokablätter bei mir gehabt. In bestimmten unvorhersehbaren Situationen sind sie von unschätzbarem Wert. Auf der Sierra sind sie überall erhältlich, in den Orten entlang der Küste jedoch verboten.

56 Im Zickzack führt die Strecke weiter durch die Berge. Tunnel reiht sich an Tunnel, wie Perlen auf einer Schnur. Tief unten fließt der Río Rímac, der seine Wasser ungestüm dem Pazifik entgegenträgt.

Die in Riesenlettern prangende Aufschrift «APRA» bedeutet Alianza Popular Revolucionaria Americana. Víctor Raúl Haya de la Torre gründete diese Partei und legte im Jahr 1924 ihre Prinzipien fest. Später entwickelte sie sich zu einer der mächtigsten Organisationen in Lateinamerika.

57 Zwei Eisenbahner, angetan mit Schutzhelmen, Handschuhen und Brillen, machen sich zu einer Inspektionsfahrt auf: sie haben eine lange «Abfahrt» von Huancayo nach Lima auf der zweithöchsten Eisenbahn der Welt vor sich.

58 Die Bauarbeiten an dieser Eisenbahn wurden oft durch gewaltige Erdrutsche gefährdet.
Auch heute ist die Eisenbahn noch keineswegs sicher: ein Fels- oder Erdrutsch kann alles mit in die Tiefe reißen.

59/60 Von Lima aus führt die Eisenbahn mit einer durchschnittlichen Steigung von 2,79% nach der Stadt Chosica. Und hier beginnt dann erst der eigentliche Anstieg, der mit einer Steigung von 4,37% zwischen Matucana und Río Blanco seinen Höhepunkt erreicht.

61 Ein Bergarbeiter in der Gegend von Galera. Sein Gesicht trägt die Spuren eines Arbeitsunfalls, Mund und Lippen sind durch den ständigen Genuß von Koka «verbrannt». Die Kokablätter helfen nicht nur gegen Hunger und Durst, Krankheit und Schlaf, sondern dienen auch abergläubischen und magischen Zwecken.
Die Bergarbeiter werfen eine Handvoll Blätter zu Boden und beurteilen danach aufgrund von deren Lage, ob eine Mine gut ist und ihnen Glück bringen wird. So haben die Kokablätter – neben den Bildern der Schutzheiligen – an den gefährlichsten Stellen der Bergwerke ihre magische Bedeutung bewahrt. Die Menschen, die Kokablätter kauen, gehören zu den Völkern der Quechua und der Aymará, die in den peruanischen und bolivianischen Anden leben und eine eigene Sprache sprechen.
Die Quechua sind vorwiegend Ackerbauern; die Aymará, die in der trockenen Puna Boliviens in noch größerer Höhe leben, widmen sich in erster Linie der Viehzucht. Sie sind verschlossen, oft abweisend, genau wie die unwirtlichen Gegenden, die sie bewohnen.

62 Die Zentralbahn Perus beginnt in Callao, der Hafenstadt vor Lima, am Pazifik. Fast auf ihrer ganzen Strecke folgt sie dem Lauf des Río Rímac bis hoch hinauf in die Anden. Dieser Fluß stellt während der Regenzeit eine ständige Bedrohung dar, vor allem im tiefer liegenden Gebiet, wo er auf gleicher Höhe wie die Eisenbahn verläuft.

63 Der Río Rímac durchfließt die Stadt Lima; seine Überschwemmungen sind berüchtigt und brachten auch während des Bahnbaus die Arbeiten mehrmals zum Stillstand.
Lima verdankt seinen Namen merkwürdigerweise der Tatsache, daß die Spanier den Namen Rímac falsch verstanden hatten.

64 Zwei Züge kreuzen sich im Bahnhof von Casapalca. Dieser Ort liegt auf 4145 m ü. M. und ist ein bedeutendes Bergbauzentrum. Die Holzbaracken der Bergarbeiter und die enormen Abraumhalden einer der zahlreichen Minen prägen die Landschaft.

65 Die Eisenbahn ist und bleibt das wichtigste Transportmittel der Bauern auf der zentralen Sierra. Der Zug sorgt nicht nur für eine Verbindung zwischen den verschiedenen Marktorten, er stellt selbst einen Markt dar. In jedem Bahnhof strömen weitere Bauern hinzu, die Obst, Käse und **choclos** anbieten. Diese gekochten Maiskolben sind das Grundnahrungsmittel der bäuerlichen Küche.

43

57

58

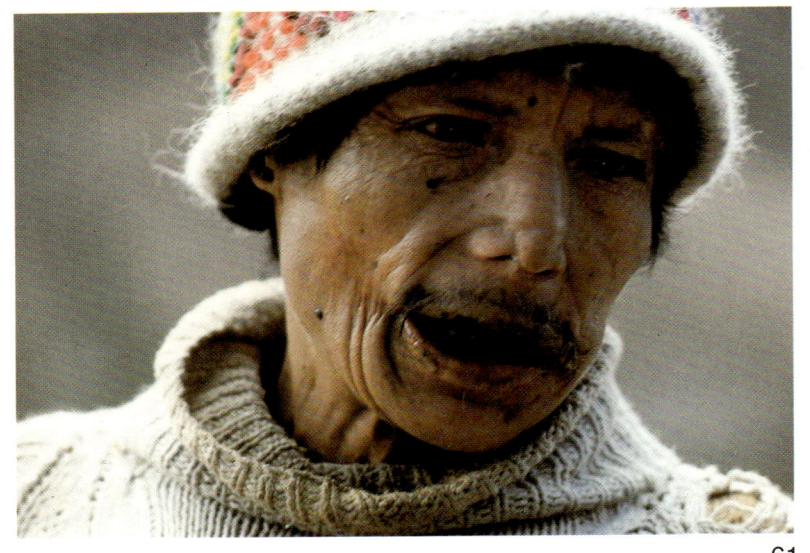

61

62

Gerd Heussler

RIOBAMBA– GUAYAQUIL/DURÁN

Auf Schienen über die Anden zum Pazifik

Von der Residencial Colonial gehe ich über die Straße zum Bahnhofsgebäude: in der heißen Mittagssonne werden mehrere Güterwaggons beladen, deren Räder, so scheint es fast, weich in Unkraut gebettet sind. Die Arbeiter sind um Ballen und Kisten versammelt, welche morgen früh ihren Weg zur Küste nehmen sollen. Noch viele Stunden also für die kleine Gruppe mit den braungebrannten, lebendigen Gesichtern, um ihren Auftrag zu einem allseits befriedigenden und den Papieren gemäßen Ende zu bringen, das dem prüfenden Blick des Diensttuenden und der Wucht seines Stempels standhält. Infolgedessen besitzt dieser Arbeitsplatz seine angenehmen Schattenseiten zu dieser Tageszeit: zu Füßen der Waggons, im Grünen beiderseits der Gleise, und es braucht schon den skrupulösen Eifer und die grenzenlose Phantasie eines Touristen, um hierherzukommen und sich unter der im Zenit stehenden Äquatorsonne zu erkundigen, ob bereits Tickets für die morgige Bahnfahrt zu haben seien. Sie kennen die Angehörigen dieser Spezies auch von den Märkten, wenn sie stundenlang um unpraktische Dinge feilschen, die obendrein noch viel Geld kosten, während sie an den Gebrauchsgegenständen

des Lebens vorübereilen; oder wenn sie sich hier sammeln und Leute anwerben, die ihnen die schweren Ausrüstungen auf den Chimborazo hinauftragen, welchen sie aus unerfindlichen Gründen besteigen wollen, obwohl doch Riobamba schon hoch genug liegt, und sie deuten vielleicht hinüber, zwischen den Häusern hindurch zu der Stelle, wo die Schneekuppe des Vulkans schwach durch die Dunstglocke schimmert. Und dennoch verlieren die Menschen hier selten weder die Lust noch die Geduld, auf ihnen wenig sinnvoll erscheinende Fragen möglichst die gewünschten Antworten zu finden. Sie haben sie auch jetzt bereit: morgen früh um 5 Uhr gebe es *boletos* und um 6 Uhr 30 sei die Abfahrt des Zuges, und ihre Stimmen suggerieren den wohlgemeinten Rat, doch lieber gleich wieder ins Hotel zurückzukehren und auszuruhen, um morgen auch rechtzeitig zur Stelle zu sein.

Die Lagerhallen gehen über in Diensträume. Entlang der Schienenstränge vollzieht sich ein Wandel. Sie liegen frei da, blinken in der Sonne und enden an einem Prellbock. Eine Glasüberdachung gaukelt so etwas wie Schatten vor. Auf den Bänken sitzen und dösen Bettler. Das Eingangstor wird frisch mit weißer Farbe gestrichen. Es weist hinaus auf die Asphaltstraße und erinnert mit seinem Lattenzaun doch eher an eine Vorgarteneinfassung. Auch an den Schienen machen sich Arbeiter nützlich. Die Bahnhofsuhr rückt unmerklich weiter. Als Tourist ist man beständig auf der Suche; diesmal nach einem Mann mit Eisenbahnerschildmütze. Doch vergebens! Wer bestätigt mir die Auskunft der Arbeiter im Schatten der Waggons? Jene am Schienenstrang? Ich streiche unschlüssig um den vergitterten Schalter. In einem hinteren Raum brennt Licht. Doch mein Klopfen verhallt ergebnislos. Ein Mann tritt durch das Gartentor. Auch er scheint etwas zu suchen: den Fahrkartenschalter. «Um 14 Uhr sollte geöffnet werden . . .» Er ist Ecuadorianer und möchte auf Reisen gehen. Aber heute würde wohl nichts mehr aus dem Kauf des Tickets werden. «Morgen früh um 5 Uhr», versichere ich ihm. Auch er glaubt nicht mehr daran, daß hier an diesem Nachmittag noch Entscheidendes geschehen wird. Er muß sein Land kennen. –

Kühle, angenehme Morgenluft, als ich, sanfte, melodiöse Gitarrenklänge eines Musikanten hinter mir im Hotelflur zurücklassend, um 5 Uhr auf die dunkle Straße trete. Auf den Gleisen stehen vier Personenwaggons, führerlos noch und erkennbar erst, als ich mich nähere. Die Bänke sind frei. Auf Sackleinen in einer Ecke schlafen die Bettler. Sie bewegen sich unruhig. Einer erhebt sich schwerfällig und schwankt durch das Lattentor, um seine Morgentoilette zu erledigen. Die Nachtruhe ist um. Zeit zum Aufstehen! Die ersten Beamten (mit Schildmütze) treffen ein. Die beiden so verschiedenen Gruppen grüßen einander. Jede weiß um die Existenz der anderen, ohne sie als störend zu empfinden. Die Funktionen werden wahrgenommen. Die Bettler wenden sich den Bänken zu. «Ein Ticket 2. Klasse nach Durán»; der große Augenblick. Ich gehe hinüber zu den Waggons: im Innern drei Sitzreihen in Längsrichtung für die Passagiere, in der Mitte und an den Seiten. Doch noch sind keine Fahrgäste in Sicht. Ich krieche durch ein Loch im Zaun, um das Bahngelände zu verlassen und Kaffee trinken zu gehen. Bei meiner Rückkehr ist es lebendig geworden. Jetzt im Morgengrauen sind auch die Frauen gekommen, welche auf ihren Kerosenkochern das dampfende Getränk zubereiten. Gepäck wird verladen. Ich plaudere mit einigen jungen Rucksacktouristen und beobachte, wie sich die weiße Kuppe des Chimborazo langsam orange färbt. Eine Straße soll an ihm hoch bis zur Schneegrenze führen: eine wenig originelle Art, in die Gipfelregion des Vulkans vorzudringen, der früher als der höchste Berg der Welt galt.

Eine Lokomotive ist zur Stelle. Die Rangiermanöver sind abgeschlossen, und der Zug setzt sich mit einem Ruck in Bewegung, läßt die städtische Kulisse Riobambas pünktlich und gemächlich hinter sich. Die Bankreihen entlang der Fenster sind vornehmlich von Indiofamilien besetzt, und offenbar hat sie die Verladung ihrer Bündel, welche die Mittelbank restlos füllen, derart Kraft gekostet, daß sie alsbald in Schlummer fallen, nachdem sie beruhigt das Rollen der Räder festgestellt und sich kurz bekreuzigt haben. Nur das klare Sonnenlicht scheint sie zu stören, so werden nahezu alle Jalousien heruntergezogen.

Als sich die Tür zum Waggoninnern hinter mir schließt, ist die Müdigkeit vergessen. Auf den offenen Metallplattformen mit vorgeschobener Überdachung erwacht der Tag nicht mit Vogelgezwitscher und beschaulicher Windstille. Das Brüllen der Räder auf den Schienen ist ohrenbetäubend, und lehnt man sich seitwärts über das Geländer, so sind die sonnendurchwirkte Tallandschaft und der frische Fahrtwind gleichermaßen atemberaubend. Das hat der Fußmarsch der Bahnfahrt voraus, jedenfalls hier und an diesem Morgen: jenem Weg am jenseitigen Ufer des breiten, klaren Baches aufwärts zu folgen, unter Bäumen, entlang bepflanzter Hänge, über Felsen, die das muntere Gewässer stellenweise schroff einengen, einmal im scharfen Schatten, dann wieder in der blendenden Sonne, Plätschern und Zwitschern, und einen Augenblick nur das Tosen und Stampfen eines vorbeieilenden Zuges im Ohr, welches bald in der Ferne verhallt.

Die Tür des nächsten Waggons wird geöffnet, und auf der Nachbarplattform erscheint der Schaffner, er tritt durch die kleine, verschließbare Pforte, zwei Schritte über die schmale Stahlblechpassage, und steht neben mir. Ich wünsche ihm einen guten Morgen, er erwidert freundlich, begutachtet mein Ticket und wendet sich daraufhin dem Waggoninnern zu, ohne auf die Idee zu kommen, daß der Aufenthalt auf der Plattform untersagt sein könnte, so wie es das Herstellerland gemäß aufgeschraubtem Verbotsschild vorgesehen hatte. Ich muß diesem Land in jenem Augenblick recht nahe gestanden haben, denn auch mir war der Gedanke gekommen, als der Uniformierte erschien. Doch wie könnte hier ein Mensch seine Dienstpflicht, welche ja eine solche an seinen Mitmenschen sein sollte, so grob verletzen, daß er jemanden aus der frischen Luft und dem klaren Sonnenlicht, aus dem Anblick dieses fröhlichen Morgens in die Gesellschaft schläfriger Gesichter verbannte? Als ob die Ordnung dieser Welt stets so ausgelegt werden müßte, daß sie dem Menschen zur Last wird.

Der Wandel des Landschaftsbildes vollzieht sich abrupt. Zunächst erinnerte das vegetationsarme Bergland mit seinen tiefen Taleinschnitten eher an eine Wüste, auf welcher es neben vereinzelt auftretenden Indiohütten nichts gab als die Felsformen der Berge und die Farben des Feuers. Minutenlang sog sich der Blick über die Hochebene an einem fernen Schlot fest. Als dieser außer Sicht gerät, ist die Eisenbahnlinie aus der Hochlandweite in ein enges Tal eingetreten, welches, je weiter wir eindringen, zunehmend mit kleinen Gehöften am Rande der Gleise bestreut ist.

Auf den ersten größeren Bahnstationen, Cajabamba und Guamote, gehe ich zurück ins Waggoninnere, um meinen Rucksack etwas im Auge zu behalten. Denn schien mir anfangs der verfügbare Passagierraum noch vergleichsweise verschwenderisch leer, so eilen nun beängstigend viel Menschen, voluminöse Bündel schleppend, auf die Eingänge zu. Marktfrauen stellen sich ein, die mit monoton singenden Stimmen Essen, Früchte und Süßigkeiten anpreisen und ihre Körbe und Schüsseln gewandt auf dem Kopf balancieren – dann die Kinder, die ihren Teil zum Gelderwerb beitragen müssen und mir hierbei in der dichten Menschenmenge häufig verloren vorkommen. Sie helfen ihren Müttern oder verkaufen selbständig farbige Eisschlotzer mit Fruchtgeschmack, *chupetas*. Einmal entsteht eine Keilerei zwischen einem Mädchen und einem Jungen. Letzterer hat sich in den Verkaufsbezirk seiner Kollegin, nämlich in unseren Waggon, gewagt. Das Mädchen aber vertreibt ihn mit Ohrfeigen und Tritten, so daß die Eise fliegen. Dies alles geschieht in Sekundenschnelle und unter spitzen Schreien. Auf dem Bahnsteig geht das Streiten und Angiften weiter, als der Zug bereits wieder anfährt. Der Junge muß ein Tabu unter Kindern verletzt haben, als er Groschen im fremden Revier verdienen wollte. Die Fahrgäste beruhigen sich schnell, blicken noch neugierig unter den Jalousien hindurch, während sie an ihrem Frühstück kauen.

Nachdem nun das Waggoninnere vollgestopft ist und auch auf der Plattform aus Stahlblech, die ich mir zum Stehplatz erwählt hatte, das landesübliche Gedränge herrscht, steige ich an einem der folgenden Halte mit Sack und Pack auf das Dach eines der Güterwaggons; diese besitzen im Gegensatz zu den Personenwaggons einen nahezu durchgehenden Laufsteg. Bei meinem Eintreffen finde ich zwar bereits ein Dutzend gemütlicher Lager vor, aber es verbleiben doch viele Meter frei unter der Sonne. Die Perspektive ist mir gleich sympathisch. Die gedrängten Bahnhofsgebäude mit den vorstehenden Dächern wirken wie die Häuser an einer Dorfstraße, die Menschen an den Ständen wie deren Bewohner. Ein ganz natürliches Straßenbild, und man denkt fröstelnd an die anonyme Sterilität und an das Elend von Randgruppen auf deutschen Bahnhöfen.

Ein schriller Pfiff ertönt: ächzend und knarrend kommt Leben in die einzelnen Glieder des Eisenbahnwurms, auf dem ich reite und dessen Kopf sich nun förmlich in das schmäler und schmäler verlaufende Tal hineinfrißt, in unzähligen Windungen eng und gehorsam der steilen Felswand entlang; hinter Felsnasen verschwindet ein Glied nach dem anderen, bis ich selbst schließlich in die Bergnische hineingetragen werde, ein Blick hinter mich, der Schwanz wird hastig um die Kurve gerissen, während die Lokomotive an der gegenüberliegenden Felswand deutlich sicht- und hörbar vorwärtseilt, ehe sie von der nächsten Kurve außer Sicht getragen wird. Man spürt, es ist ihre Strecke, hier oben in der schroffen, öden Felswüste mit ihren monumentalen Dimensionen, dem schwindelerregenden Abgrund zur Rechten. Brücken überspannen tief eingeschnittene Seitentäler, aus denen die grünen Uferstreifen vergessener Bachläufe heraufleuchten; um den Fuß eines hohen Bergstocks sammeln sich kleine, sonnenbeschienene menschliche Siedlungen. Momentaufnahmen fürs Auge, beklemmend und anziehend zugleich.

Der Reisende sucht diese Faszination, die nur das Außergewöhnliche hervorrufen kann. Dafür hat er diesen Weg und diesen Zug durch die Anden gewählt, im Passagierraum erst, auf der überdachten Plattform dann, schließlich auf dem offenen, freien Dach selbst. Die Auseinandersetzung mit seinen Gefühlen schafft das Erlebnis und die Erinnerung. Das Beschauliche besitzt bedrohliche, das Kuriose beängstigende

Aspekte. Seit Fahrtbeginn fiebert er einer bestimmten Strecke entgegen, auf welcher mit ungewöhnlichen Mitteln ein ebenso ungewöhnlicher Höhenunterschied überwunden wird; und als wir Alausí verlassen und in die scheinbar leblose Gebirgswelt zurückgetragen werden, kann es nicht mehr lange dauern, denn der nächste Bahnhof, obwohl nur dreizehn Kilometer entfernt, befindet sich in jenem «schwindelerregenden Abgrund». Die Hälse der Touristen auf dem Dach werden länger, ihre Köpfe sind erwartungsvoll in Fahrtrichtung gewendet, und während der Zug in eine weite Schleife einbiegt, sucht das Auge den Steilhang ab und bleibt plötzlich an Gleisen haften, wo eigentlich gar keine sein dürften: weit unterhalb, auf einer schmalen Terrasse, schräg und steil am Hang entlang. Etwas weiter scheinen sie schon wesentlich höher, so daß die Verbindung mit unserer Strecke naheliegend ist. Währenddessen hat der Lokführer das Tempo verlangsamt, und zum wiederholten Male steigt ein Zugbeamter zu uns herauf, um die Feststellbremsen der alten Waggons zu betätigen, die mittels eines Rades und langer, dicker Kettenstränge geöffnet oder geschlossen werden können.

Endlich erfolgt ein Signal aus dem Maschinenraum. Der Zug fährt langsam über eine Weiche, so weit bis alle Waggons die Zweigstelle passiert haben, dann enden die Gleise in Fahrtrichtung. Für eine Kurve ist hier kein Platz. Dafür geht es nun rückwärts auf den zuvor erspähten Schienen im Schrittempo hinab. Eine geniale Idee, eine einfache, unkonventionelle Lösung: geschoben zu werden wirkt nicht beunruhigend, alles ist wie zuvor, keine größeren Schwankungen, nur scheint kein Boden mehr unter den Schienen zu liegen, erst 500 Meter tiefer, auf der Bahnstation kommt er in Sicht. Wie oft ist dieser Streckenabschnitt schon befahren worden! Reine Routine für den Lokführer. Natürlich sind auch schon Entgleisungen vorgekommen. Eine Schienenlänge nach der anderen, der monoton beruhigende Schlag der Räder ... Wie der Bahnbeamte eigentlich die Bremsen regelt ...? Ganz schließen kann er sie nicht, vollständig öffnen kann er sie auch nicht, sonst hält die Lokomotive vielleicht die Waggons nicht mehr. Wie rasch doch die Tiefe abnimmt ... und die Anspannung nachläßt.

Die zweite Hälfte des Manövers: auch dieses Gleis endet am Berghang. Eine zweite Weiche regelt die neue Fahrtrichtung, immer abwärts. Die Lokomotive zieht uns wieder, als wir in Sibambe einfahren. Hier verlassen uns zwei Franzosen und ein Amerikaner. Sie wollen mit einem anderen Zug weiter nach Cuenca. Tatsächlich setzt sich hier eine Linie nach Süden fort, wann jedoch der Zug eintreffen wird, ist ungewiß.

Guayaquil liegt in westlicher Richtung, noch 1800 Meter Höhendifferenz bis zum Meer. Der größte Höhenunterschied wird jedoch auf den folgenden vierzig Kilometern bis Bucay zurückgelegt, das auf 300 Metern am Fuß der Anden gelegen ist. Die Zugbetreuer frequentieren weiterhin den Laufsteg. Da viele Fahrgäste ihr Ticket direkt beim Schaffner lösen, wird auch auf dem Dach kassiert. Der Sicherheitsbeamte in Zivil jedoch mit der ausgebeulten Brustinnentasche, der gewöhnlich während der Kontrollen anwesend ist, erspart sich die Kletterpartie.

Nach Ablauf zweier zäher Stunden mit längeren unerklärlichen Halten sehe ich in einer Riesenschleife, die uns endgültig aus dem Gebirge herausführt, eine Stadt liegen. Die Geschwindigkeit des Zuges auf der letzten langen Geraden vor Erreichen der ersten Häuser scheint mir mäßig. Und dennoch kommt die Metallmasse plötzlich rumpelnd und polternd und unter großer Staubentwicklung zum Stehen. Die gerade und ebenmäßige Folge der Dachflächen ist unterbrochen. Die Glieder des Wagenwurms sind kopflos geworden, stehen zueinander verkantet, leicht geneigt die einen, stark verschoben die andern. Entgleisung, und ehe wir Dachtouristen uns dessen so recht bewußt und von unserer hohen Warte abgestiegen sind, haben sich die Waggons schon geleert. Kann der Schaden behoben werden? Es geschieht zunächst nichts. Die Zugbediensteten wie auch einige männliche Passagiere kommentieren wortreich das Geschehen: Wenn uns das im Gebirge passiert wäre! Sie begutachten und analysieren fachmännisch das technische Debakel und wie die Waggons wieder auf die Gleise zu stellen seien. Einheimische desertieren: bündelbepackt überlassen sie den Zug seinem Schicksal und trotten davon, dem Schienenstrang entlang, in Einerkolonne, Bucay, der Stadt, entgegen. Vielleicht erwarten sie dort ihre Angehörigen. Vielleicht suchen sie auch einen bequemen Ort zu einer ausgiebigen Siesta.

Die Situation scheint desolat, und ich gehe, um meinen Rucksack zu holen. Per Autostopp nach Guayaquil? Auch desertieren? Als ich abmarschbereit zurückkehre, zögere ich, denn mittlerweile hat sich das Bild geändert. Unter der Anleitung des technischen Chefs hat ein halbes Dutzend Männer, darunter ein Fahrgast, mit der Arbeit begonnen. Kurz entschlossen lege ich mein Gepäck wieder ab, und je länger ich zuschaue, desto mehr fasziniert mich das Geschehen. Ich erlebe in den folgenden eineinhalb Stunden einen Arbeitsprozeß, der an Organisationsdisziplin und Improvisationstalent, Können und Effizienz keine Wünsche offenläßt. Wesentliche Hilfsmittel bei der Arbeit sind Schienenschuhe und, wo sie fehlen, geeignete Steine. Hauptakteur des Manövers ist der Lokführer, der mit viel Geschick und Einfühlungsvermögen die Ideen und Anweisungen der Arbeitskolonne in die Tat umsetzt. Weil die Gruppe infolge ihres unterschiedlichen Wissens hierarchisch gegliedert ist, erscheint mir ein

Ereignis besonders erwähnenswert. Ausgerechnet der Fahrgast hat eine Idee für ein Manöver und teilt sie den andern mit. Dem Chef gefällt sie, was ihn veranlaßt, seinen eigenen, zuvor geäußerten Plan zurückzustellen, um jenen des Nicht-Fachmanns zu erproben. Mit Erfolg. Doch abgesehen davon zeigt das Verhalten der Gruppe ein vorbildliches Demokratieverständnis und die optimale Verbindung von gemeinsamer Überlegung, theoretischer Auseinandersetzung der Möglichkeiten und praktischer Durchführung. Die gute Stimmung und Moral der Arbeitsgruppe überträgt sich schnell auf die Zuschauer; gelungene Manöver werden mit Anerkennung und Applaus quittiert. Sicherlich ist auch etwas Glück im Spiel, doch das Glück entscheidet sich selten für die Zauderer und Halbherzigen.

Als der Zug wieder auf den Schienen steht, sind gerade zwei Stunden seit dem Mißgeschick vergangen, und als ob nichts geschehen wäre, fahren wir in Bucay ein. Der Aufenthalt zieht sich über Stunden hin. Vermutlich wird der Sieg über die Technik gebührend gefeiert, außerdem der großartige Lokführer als Held verabschiedet. Er und seine starke Diesellok haben Feierabend, und eine kleine Dampflokomotive übernimmt die Führung durch das Pazifikland nach Guayaquil.

Weiter auf dem Dach durch tropisches Flachland. Kultivierte und halbkultivierte Flächen wechseln mit Waldzonen. Das Land ist wieder grün, ein Grün, das in seinen endlosen Nuancen bunt wirkt. Riesige Zuckerrohrfelder neben Maisflächen und Bananenhainen, aus denen wie zufällig die gezackten Blätter einzelner Papayabäume hervorlugen. Um die niederen, strohbedeckten Pfahlbauten der Landbewohner drängen sich verwilderte Gärten mit farbigen Kelchen und Knospen, über dem Ganzen die Laubdächer von Mangobäumen. Auf geräumigen Holzterrassen sitzen die Menschen.

Daneben empfinde ich vereinzelt eingestreute, zweistöckige Bambushäuser zwar interessant, aber unnatürlich und überzüchtet.

Doch auch die Bedingungen auf dem Waggondach haben sich gewandelt. Bereits bei Verlassen von Bucay ist mir die veränderte Sachlage bewußt geworden. Dicker, schwarzer Rauch entweicht aus dem Kamin und wird erst dünner, wenn die Lokomotive an Fahrt gewinnt. In Wolken zieht er heran, nebelt und stinkt mich ein, Ruß rieselt herab – und dies bei jedem Halt. Aus einer zylindrischen Zisterne auf hohen Beinen wird mehrfach durch ein dickes Rohr der Wassertank der Maschine aufgefüllt. Es ist nun heiß geworden.

In Naranjito, eineinhalb Stunden vor Ankunft in Durán, kehre ich ins Innere zurück, wo nur noch eine Indiomutter mit ihrem Säugling ausharrt, und auch sie steigt am nächsten Bahnhof aus. Weshalb wurden eigentlich in Bucay noch Personenwaggons angehängt, da nun die Abteile fast leer sind? Die kleinen Eisverkäufer haben keine Kunden mehr, und doch kommen sie herein, um mit mir zu sprechen, Späße zu machen, Kurzweil zu treiben, und meist ist der Zug bereits in Bewegung, wenn sie übermütig lärmend abspringen.

Es sind die einzigen Freuden auf den verbleibenden Kilometern, denn westwärts von Milagro, der letzten größeren Stadt vor dem Ziel, verödet die Gegend zusehends zu einer weiten, unansehnlichen Ebene. Durch die Fenster erblicke ich armselige Hütten, baufällig und windschief, auf trister, grauer Erde, neben abgebrannten Stoppelfeldern, zwischen Abfallhaufen und Kloaken, der Straße und den Schienen: das Überlaufventil der nahen Großstadt Guayaquil. Weshalb leben hier Menschen, wo das Auge nichts findet, woran es sich erfreuen könnte? Ist es der Arbeitsplatz in der immer noch an die dreißig Kilometer entfernten Stadt? Oder auch nur eine erhoffte Arbeitsgelegenheit? Fehlt ihnen die Energie, dorthin zurückzukehren, woher sie gekommen sind? Aber waren sie nicht einst hierhergezogen, weil sie glaubten, daß in einer Hafenstadt wie Guayaquil es immer eine menschenwürdige Überlebenschance geben müßte? Die Menschen verließen ihre ländliche Welt, weil diese nicht mehr imstande war, sie zu ernähren – und in der Stadt haben sie nichts hinzuverdient. Das tropische Grün spiegelt dem arglosen Beschauer eine Überflußwirtschaft vor, in welcher es sich scheinbar leben läßt. Doch das Bild zeigt immer nur jene relativ Glücklichen, die noch ihre Behausung und etwas Land besitzen, denn die Opfer sind längst weggezogen in die Vorstadtbezirke der Metropolen, wo das Land noch nicht zum Spekulationsobjekt geworden ist. Und auch die Häuschen jener rela-

tiv Glücklichen stehen auf unsicherem Boden, wenn Technisierung und Modernisierung zum zukunftweisenden Vorbild erhoben werden, wenn eine profitorientierte Exportwirtschaft weniger weitere und immer weitere Opfer fordert und der Zustrom an Slumbewohnern die heute in der Hafenstadt Guayaquil bereits die Hälfte der Einwohnerschaft ausmachen, weiter anschwillt.

Nach zwölfstündiger Fahrt erreicht der Zug vor Einbruch der Dämmerung sein Ziel, Durán, einen Vorort der Großstadt, und von dieser durch den Río Guayas getrennt. Wenige Fahrgäste sind verblieben. Ich schließe mich ihnen an, hinab zum Fährschiff, das bereits darauf wartet, uns zum anderen Ufer zu bringen.

66 *Arequipa. Der sogenannte «De Profundis»-Saal im Kloster Santa Catalina. Dieses Kloster, das seit 1970 für die Öffentlichkeit zugänglich ist, wurde im 16. Jahrhundert gegründet. In seiner Anlage gleicht es einem Dorf. Seine Plätze und Straßen tragen spanische Namen wie Toledo, Granada, Malaga oder Sevilla. Jede Nonne besaß ein Haus, dessen Größe dem Reichtum ihrer Familie entsprach, und durfte sich auch ein Dienstmädchen halten. Die Wohnviertel sind in Rot, die sakralen Zonen in Azurblau gehalten. Mit seinen starken Tonnengewölben überstand das Kloster die zahlreichen Erdbeben mehrerer Jahrhunderte. Das Museum von Santa Catalina besitzt bedeutende Werke spanischer und italienischer Maler sowie von Meistern der Cuzco-Schule.*

67 *Arequipa. Unter dem Krachen von Böllerschüssen wird die Statue der Heiligen Jungfrau mit Musikbegleitung durch die Straßen der Stadt getragen. Prozessionen und religiöse Feste gibt es in großer Zahl, und sie stellen für die Indios die einzige Möglichkeit dar, aus der bedrückenden Monotonie des Lebens auf dem Altiplano auszubrechen. Die Indios sind offiziell Christen, aber trotz ihres Bekenntnisses sind sie sehr abergläubisch und verehren Kultgegenstände, die sie für wundertätig halten. Der Katholizismus wurde vor vierhundert Jahren von den Spaniern eingeführt, die es für ihre Pflicht hielten, die heidnischen Bräuche der südamerikanischen Zivilisationen zu unterdrücken. Völkermord und Plünderung gehörten mit zu den Methoden, die sie zur Bekehrung anwandten.*

68 *Arequipa. Im Innern der Kirche La Compañía, die zu den schönsten Baudenkmälern aus der Kolonialzeit zählt.*
Arequipa wurde im Jahr 1540 auf 2300 m Höhe am Fuß des Vulkans El Misti gegründet. Das Weiß des porösen Tuffs, aus dem die Häuser erbaut wurden, erinnert an die lichten Dörfer Andalusiens.
Peru ist eines der repräsentativsten Länder Südamerikas, und zwar nicht nur wegen seiner alten Hochkulturen, sondern auch wegen der Vielfalt seiner Landschaften, die von den öden Küstenwüsten bis zu den grandiosen Andengipfeln, von der einsamen Puna bis zu den geheimnisvollen Amazonaswäldern reichen. Die Anden prägen alle geographischen und menschlichen Aspekte Perus, und sie ermöglichen eine ziemlich klare Einteilung des Landes in drei Regionen: Küste, Sierra und Tiefebene.

69 *Gegensätze gibt es überall, aber hier, auf 4000 m Höhe in den Anden, können sie einen den Zweifel an der Realität lehren: ein Kellner im Jackett serviert den Kaffee auf einem Tablett. Um ehrlich zu sein: man hält ihn zunächst für eine Vision.*

70/71 *Ein gewohnter Anblick: ganze Scharen von Kindern kleben außen an den Eisenbahnwagen und profitieren von der Unachtsamkeit des Schaffners, um wenn immer möglich einige Kilometer ohne Bezahlung mitfahren zu können; Fahrkarten sind für ihre Verhältnisse sehr teuer. Aber auch wenn man eine Fahrkarte besitzt, bleibt einem unter Umständen nur diese Art zu reisen, weil der Zug aus allen Nähten platzt.*

72 *Wenn man die Anden per Eisenbahn bereist, entdeckt man nicht selten auf einem Abstellgleis ein paar ausgediente Waggons, in denen sich Indios häuslich niedergelassen haben. Da drin dürfte es gemütlicher sein als in den feuchten Hütten aus Lehm und Stroh.*

73 *Kreuzung auf der Linie Puno–Cuzco. Freie Fahrt für einen Güterzug, der aus einer Bergbauzone in den peruanischen Anden kommt.*

74 Die weiten Hochebenen werden vom Wind gepeitscht; hier gedeiht nur das **ichu,** ein Gras von gelblicher Farbe. Die in dieser Region üblichen heftigen Temperaturwechsel stellen die Widerstandskraft der Menschen, die in dieser feindlichen Welt leben, auf eine harte Probe. Dementsprechend schweigsam und verschlossen ist ihr Charakter.

75 In der **lliclia,** einem quadratischen, vor der Brust verknoteten Tuch, tragen die Indiofrauen ihre kleinen Kinder oder auch Waren verschiedenster Art mit sich.

76 Die Indios der Sierra fertigen ihre Tücher noch von Hand auf uralten und primitiven Webstühlen an. Die Farben und Muster sind je nach Gebiet verschieden, ähnlich wie bei den schottischen Clans. Da die alten Peruaner die Schrift in unserem Sinne nicht kannten, gibt es keine entsprechenden Dokumente. Die ersten Beschreibungen der präkolumbischen Zivilisationen stammen von spanischen Chronisten und Missionaren, die nach Francisco Pizarro ins Land gekommen waren. Sie sammelten die Legenden der unterdrückten Völker, und es ist klar, daß diese Berichte nicht immer objektiv waren. Die Schreiber versuchten, ihr Werk als Kolonisatoren zu rechtfertigen, und täuschten damit oft nicht nur die Leser in ihren Heimatländern, sondern auch sich selbst.

77 Die Inseln der Urus. Ein Uru beschäftigt sich mit einem Papyrusboot, das er in drei oder vier Tagen baut. Ein solches Wasserfahrzeug hält ungefähr ein Jahr. Dann wird es einfach aufgegeben.

78 Die Inseln der Urus. Die gelbe Farbe des getrockneten Schilfs beherrscht die Welt der Urus. Gelb sind die Schilfpolster der Insel, auf denen man sich vorsichtig, mit kleinen Schritten bewegen muß, um nicht unterzutauchen: gelb sind die Hütten und gelb sind auch die Boote.

79 Die Inseln der Urus. Auf Huacahuacani, der größten von rund siebzig Inseln, steht auch eine Kirche im gleichen Baustil wie die Hütten der Urus. Das Gebäude ist so niedrig, daß man es nur auf den Knien betreten kann.

80 Die Inseln der Urus. In der Nacht fahren die Urus in ihren leichten Booten zum Fischfang aus. Am Tag legen sie die Fische zum Trocknen an die Sonne. Im Titicacasee leben ungefähr zehn Fischarten. Typisch für dieses Gewässer ist auch der Riesenlaubfrosch.

81 Die Bucht von Puno am Titicacasee. Dieser liegt auf 3815 m ü.M., weist eine Oberfläche von 8330 km² auf und ist der größte See in Südamerika. Außerdem ist er auch der am höchsten gelegene schiffbare See der ganzen Welt.
Der Titicacasee ist der heilige See der Inkas, denn, so will es die Legende, aus seinen Wassern gingen Manco Cápac und Mama Ocllo hervor, die Stammeltern der Andenvölker.
Ein Stück weit am Seeufer entlang führt auch die Eisenbahnstrecke von Puno nach Cuzco, die täglich von einem Zug in vierzehn Stunden zurückgelegt wird.

82/83 Die Inseln der Urus. Ein Junge transportiert das eßbare Schilf. In allzu großen Mengen genossen, hat es jedoch eine stark abführende Wirkung.

84 Die Inseln der Urus. Laut Legende retteten viele Einwohner von Tiahuanaco nach der Eroberung durch Mariku ihr Leben, indem sie sich in das Schilflabyrinth in der Bucht von Puno zurückzogen. Danach erbauten sie mit Hilfe des in reichlichen Mengen vorhandenen Schilfrohrs schwimmende Inseln.

85 Ein schwimmendes Dorf auf dem Titicacasee. Die Andenkette liefert einen herrlichen Hintergrund.

86 Der Zug fährt zwischen Juliaca und Puno durch eine Hochebene, die in der Regenzeit überschwemmt ist.

87 Juliaca. Einige der für den Titicacasee bestimmten Schiffe stachen seinerzeit in Schottland in See, liefen in der Hafenstadt Mollendo ein, wurden zerlegt und per Bahn ins Altiplano transportiert. Dort verkehrten sie zwischen Puno (Peru) und Guaqui (Bolivien).

88 Puno wurde 1668 gegründet und hieß damals Villa Rica de San Carlos de Puno. Die Stadt war eine wichtige Zwischenstation auf dem Weg zu den Silberbergwerken von Potosí. Sie liegt am Ufer des Titicacasees und macht einen eher nüchternen Eindruck. Dies täuscht aber, denn anläßlich der zahlreichen religiösen Feste, unter ihnen dasjenige der Madonna de la Candelora, erwacht sie zu pulsierendem Leben. Tausende von Indios kommen per Bahn, per Bus oder zu Fuß in die Stadt, um an diesem Fest teilzunehmen, das alle Kennzeichen eines richtigen Karnevals trägt. Bei der Prozession bewegt sich vor der Statue der Heiligen Jungfrau die **Diablada,** eine maskierte Tanzgruppe, die stark an Bräuche der Inkas erinnert.

89 Juliaca liegt ungefähr auf halbem Weg zwischen Arequipa (km 304) und Cuzco (km 338). Ein Schild am Bahnhofgebäude zeigt auch die Höhe an, nämlich 3825 m ü.M., und verrät, wie lang die Strecke nach Puno ist (47 km).

90 Die Hochlandlinie verbindet zwei wichtige Städte Perus miteinander; dank der Eisenbahn blüht zwischen Puno und Cuzco ein schwungvoller Handel. Die Strecke führt auf ihrem Weg durch die weite Puna ein Stück weit am Fuße der Cordillera de Vilcanota entlang.

91/92 Der Zug bringt die Wolle, die von den Lamaherden auf den Hochebenen stammt, zu den Fabriken entlang der Strecke.

93/94 Schon von Kindesbeinen gewöhnen sich die Indios daran, auf ihren Schultern Lasten zu tragen, die mit dem Alter immer größer werden. Wenn sie erwachsen sind, können sie kaum mehr gehen ohne dieses Gewicht, das irgendwie mit ihrem Körper eins geworden ist und für das Gleichgewicht unentbehrlich scheint. Die Indios sind ausgezeichnete Träger und wagen sich über die steilsten und gefährlichsten Andenpfade.

95 Auf den nur spärlich bewachsenen Hochebenen weiden Lamas und Alpacas; ihre Aufzucht entspricht eher der Tradition als einem echten Bedürfnis. Diese einzigen einheimischen Haustierarten Amerikas stammen von den wild lebenden Vicuñas und Guanacos ab. Sie liefern nicht nur Wolle, sondern dienen auch als Lasttiere, wobei sie aber nicht mehr als ungefähr dreißig Kilogramm bewältigen.

96 Ein Schlafwagen der ENAFER (Empresa Nacional de Ferrocarriles de Peru), der zwischen Arequipa und Puno eingesetzt wird. Die gelb und rot gestrichenen Waggons bringen etwas Abwechslung in die eintönige Andenlandschaft. Sie bestehen aus Holz und sind noch ein Zeugnis der alten, stolzen Eisenbahn, welche die englischen Unternehmer am Ende des vergangenen Jahrhunderts erbauten.

97 Ein Schienenauto; es dient den Streckenwärtern bei ihren Kontrollfahrten.

98/99 Der Bahnhof von La Raya auf 4313 m ü.M. ist der Scheitelpunkt der Eisenbahnlinie Puno–Cuzco.

100/101 Zwischen der West- und der Ostkordillere erstreckt sich der Altiplano von Cuzco, Zentrum des alten Inkareichs. Wie in Bolivien wird diese Hochebene auch hier Puna genannt. Dieses Wort stammt aus der Quechua-Sprache und bedeutet eigentlich «unbesiedelt». Kleine, städtisch anmutende Siedlungen liegen verstreut an den wichtigsten Verbindungswegen. Die ziemlich ärmlichen Behausungen beherbergen eine Bevölkerung, die sich fast ausschließlich dem Ackerbau widmet.

102/103 Eine der zahlreichen Haltestellen des Zuges am Rande der Ebene von Juliaca. Diese Ebene bietet Weideflächen und das notwendige Kulturland, das die Menschen zum Überleben brauchen. Juliaca lag im engeren Einzugsbereich der Inkazivilisation, von der heute noch einige Zeugen existieren.

104–106 Schon am frühen Morgen setzt in den Andendörfern ein geschäftiges Treiben ein. Alles, was man produziert, kann auf einem der zahlreichen Märkte eingehandelt werden. Frauen, Greise und manchmal auch Kinder tragen übergroße Warenlasten, die sie später in den Handelszentren einzutauschen hoffen.

107–110 Auf den ersten Blick bietet die kleine Stadt Sicuani ein recht trostloses Bild. Am Bahnhof passieren die Güterwagen, die Golderz aus den Lagerstätten von Madre de Dios zu den verschiedenen Verarbeitungszentren transportieren. Der Verkehr im und um den Bahnhof von Sicuani bringt Leben in diesen Landstrich. Beim Ein- und Ausladen von Gepäckstücken bietet sich einigen Indios die Gelegenheit, ein paar Soles zu verdienen.

111 Eine Familie wartet auf den Zug. Unter den verschiedenen Kopfbedeckungen der Frauen ist der schwarze, steife Hut sehr beliebt; er soll eine Art Ehrenbezeugung gegenüber den Engländern sein, die im letzten Jahrhundert die Eisenbahnen in den Anden gebaut hatten.

112 Ein Eisenbahner bereitet in seiner improvisierten Küche das Mittagessen, während seine Kollegen den Schienenstrang einer genauen Kontrolle unterziehen.

113 Unermüdlich, ihre Kinder in den bunten **lliclias** mit sich tragend, folgen die Indiofrauen – manchmal barfuß – der Bahntrasse. Dies ist die einfachste Art, ein bestimmtes Ziel zu erreichen. Ein gewohnter Anblick für Eisenbahnreisende in den Anden.

114/115 Der Altiplano von Cuzco ist eine weite, eintönig grüne Fläche. Hier, zwischen den Kordilleren, kann der Boden kultiviert werden. Es wird vorwiegend Getreide angebaut. Auch für die Viehzucht steht reichlich Weideland zur Verfügung, das den Ansprüchen der hiesigen Tiere genügt.

116/117 In der Umgebung von Cuzco gedeihen zahlreiche Eukalyptusbäume. Ein Indio zersägt an einem Fluß Baumstämme, die zur Weiterverarbeitung in die umliegenden Dörfer gebracht werden.

118 Eine Hacienda, ein typischer Familienbetrieb in den Andentälern. Auf der Sierra werden vorwiegend Kartoffeln, Weizen, Gerste und Mais angepflanzt. Eine landwirtschaftliche Nutzung ist im Norden bis auf Höhen um 3200 m, in der Mitte und im Süden bis auf 4000 m möglich.

119/120 Ein Mädchen schaut aus dem Fenster, ein melancholischer Eisenbahnangestellter ist ganz in seine Zeitung vertieft; beide haben kaum etwas miteinander gemeinsam, auch wenn sie im gleichen Zug reisen. Aber beide Bilder könnten aus einem Fotoalbum vom Beginn dieses Jahrhunderts stammen.

121 *Während die Frauen ihre Herden auf die Weide führen, drehen sie emsig ihre Spindeln. Aus der gesponnenen Wolle fertigen sie dann die typischen Ponchos an. Die Menschen, die in den Anden auf Höhen bis über 5000 m leben, haben eine andere Körperkonstitution als die Bewohner der Niederungen. Ihre Lungen sind größer, und die Lungenbläschen, in denen der Sauerstoff vom Blut aufgenommen wird, sind ständig erweitert, um den niedrigen Sauerstoffgehalt der Luft möglichst gut ausnützen zu können. Außerdem verfügen sie über zwei Liter mehr Blut, ihre roten Blutkörperchen sind viel größer, und ihr Herz schlägt bedeutend langsamer.*

122 *Cuzco. Ein Mädchen schleppt auf seinen Schultern einen riesigen Haufen dürres Holz durch die engen Straßen, die auf beiden Seiten von prächtigen Steinmauern flankiert werden. Hier bewahren die Einwohner alte Überlieferungen, die sie von Generation zu Generation weitergeben.*

123 *Cuzco, Callejón de Loreto. In der Stadt sind viele Mauern aus der Inkazeit erhalten geblieben. Sie bestehen, ähnlich wie die Festungen, aus polygonalen, gut polierten, allerdings viel kleineren Steinblöcken. Cuzco vermittelt überdies einen Eindruck davon, wie die Inkastraßen angelegt und gebaut worden waren. Sogar die Schrägung der Mauern läßt sich noch erkennen. Die Paläste, Tempel und Festungen der Inkas haben ein gemeinsames Merkmal: die trapezförmigen Fenster, Türen und Nischen, die in Abwesenheit aller Arten von Reliefs den einzigen Schmuck der Gebäude darstellen.*

124 *Ein Blick auf die Stadt Cuzco von der Festung Sacsayhuamán aus. Während die Küstengebiete und die Täler der Niederungen den Weißen gehören, sind die Hochebenen die Welt der Indios, und ihre Hauptstadt ist Cuzco. Die Stadt liegt in einem grünen Tal auf 3000 m ü.M. Sie war das Zentrum des Inkareichs, und noch heute sind Spuren der Straßen zu erkennen, die fächerförmig ausstrahlten und zu den eroberten Gebieten führten. Die Bezeichnung der Stadt als «Nabel der Welt» deutet auf die Bedeutung hin, welche die Einwohner ihrer Stadt beigemessen hatten. Feste und massive Mauern trotzten den fürchterlichen tellurischen Erdbeben, die in den Anden so häufig sind. Die Spanier zerstörten die Bauwerke der Inkas und errichteten auf ihren Fundamenten imponierende Kirchen und Kolonialhäuser. Cuzco ist eines der bekanntesten archäologischen Zentren in ganz Südamerika und besitzt zahlreiche Überreste aus der Inka- und aus der Kolonialzeit.*

125 *Sacsayhuamán. Die Festung war in drei übereinanderliegenden Bastionen angelegt worden. Im untersten Teil befanden sich verschiedene Räume, die zum Teil von den Priestern bewohnt wurden. Besonders interessant sind einige kreisförmige Konstruktionen, von denen man annimmt, sie hätten als Wasserleitungen gedient.*

126 *Die Festung Sacsayhuamán war zum Schutz der Stadt Cuzco erbaut worden. Sie besteht aus riesigen Steinblöcken von z. T. Hunderten von Tonnen Gewicht und Höhen bis zu sechs Metern. Die Inkas sind nicht nur wegen dieser Art von Bauwerken berühmt, sondern auch wegen ihres komplizierten Straßennetzes, das ihr ganzes Reich umfaßte.*

127 *Die Frauen auf der Sierra zeigen sich stets schweigsam und gleichmütig. Beim Arbeiten tragen sie ihr kleinstes Kind auf dem Rücken mit sich. Ihre Mützen, unter denen zwei schwarze Zöpfe hervorquellen, legen sie nie ab, nicht einmal bei sich zu Hause.*

128 *Eine Dampflokomotive im Depot von Cuzco. Obwohl die Dieselmaschinen die Andenbahnen schon längst erobert haben, werden die Dampfloks auf einigen Strecken immer noch eingesetzt.*

129 *Cuzco. Der Übergang von der normalspurigen Linie Arequipa–Puno–Cuzco zur schmalspurigen Strecke Cuzco–Machu Picchu–Quillabamba. Wenn ein Zug ankommt, belebt sich der Markt rasch, und die Indios benützen die Gelegenheit, den Reisenden Käse, Obst, Fisch und **choclos** (gekochte Maiskolben) anzubieten.*

130–133 *Da das Gelände sehr steil war und die Berge nicht umfahren werden konnten, sahen sich die Eisenbahnkonstrukteure an mehreren Stellen gezwungen, zur Spitzkehre Zuflucht zu nehmen. Der Zug hält auf einem Stumpengleis an und setzt dann seine Fahrt in entgegengesetzter Richtung fort, so daß die Lokomotive die Wagen abwechslungsweise zieht und stößt. Die Bilder zeigen – von oben nach unten – zweimal den Weichensteller bei seiner Arbeit; den Zugführer, der auf das Stumpengleis einfährt, und den fahrenden Zug, der seine Reise auf dem andern Gleis in umgekehrter Richtung fortsetzen wird.*

134 *Der Führerstand einer uralten Dampflok. Typisch für die Anden Perus sind die **chullos** der Männer, aus Stroh geflochtene Kopfbedeckungen mit langen Fortsätzen nach unten.*

135/136 *Die Augen starr geradeaus gerichtet, die Gedanken in weite Fernen abschweifend: der Fotoapparat beeinflußt in keiner Weise das Verhalten und die Gedanken dieser Indiofrau, die eher von Entbehrungen und Mühen als vom Alter gekennzeichnet ist. Auch die plumpen, schwieligen Hände, die automatisch ein Stück Brot zum Mund führen, sprechen ihre eigene Sprache.*

137 *Dieses Bild zeigt, wie fruchtbar das Tal des Río Urubamba ist. Das saftige Grün und die weidenden Tiere (Rinder, Schafe und viele Esel) erinnern an viele europäische Tallandschaften.*
Der Abstieg aus dem Altiplano in eine wärmere Gegend gleicht einer Wiedergeburt. Das tropische Klima schafft ideale Bedingungen für das Leben des Menschen, oder sagen wir besser, es könnte sie schaffen, wenn die Medizin die dortigen Krankheiten besiegt haben wird. Der Mensch hat die fruchtbaren und warmen Ebenen immer gemieden, weil sein Kampf gegen die Insekten hoffnungslos war. Er hat lieber in großen Höhen, in kalten und unwirtlichen Regionen gelebt, wo er mit seinen Lamas auf den mageren Weiden eben überleben konnte.

138/139 *Selbst heute noch ist es schwierig, die prachtvollen Steinbauten der Inkas aufzufinden. Heute bestehen die Behausungen vorwiegend aus Lehm und Stroh, hier genauso wie in anderen Gegenden. Junge Peruaner erbauen sich ihre Hütten aus Lehmziegeln, die an der Sonne getrocknet werden; auch der Verputz besteht aus dem gleichen Material, Werkzeuge werden keine benötigt.*

140 *Die Haciendas der Sierra stehen in der Regel weit abseits bewohnter Zentren und sind im Besitz weniger reicher Familien. Die **peones** (Landarbeiter) werden entlöhnt und dürfen selbst ein paar Stück Vieh halten. Außerdem erhalten sie täglich eine Ration Kokablätter, ohne die ein Indio nicht arbeiten würde.*

141 *Pisac. An der Sonne getrocknete Fische werden auf dem Markt verkauft. Kaum eine sehr hygienische Angelegenheit.*

109

142 *Pisac. Eine Indiofrau bietet Saatgut und eine große Auswahl von Heilkräutern an.*

143 *Pisac. Ein Mädchen verkauft Kokablätter. Erythroxylon coca ist die botanische Bezeichnung für die Kokapflanze, einen Strauch von rötlicher Färbung, der zur Familie der Rubiaceae gehört. Der Kokastrauch wird in feuchten und warmen Zonen an den Hängen der Anden in Höhen zwischen 500 und 2000 m angepflanzt. Die auf den Hochebenen lebenden Indios formen aus den Blättern eine große Kugel, die sie kauen, oder – besser gesagt – stundenlang aussaugen. Diese Kugel liegt zwischen der Wange und dem Zahnfleisch, und bei den ältesten Indios kann man oft eine davon herrührende Deformation des Gesichts feststellen. Um das Alkaloid aus den Blättern freizusetzen und die erwünschte Drogenwirkung zu erzielen, wird der Kugel etwas Kalk beigemischt, den die Indios in kleinen birnenförmigen Taschen, in den sogenannten* **iscupuru,** *mit sich tragen. Der Kokastrauch galt schon immer als heilige Pflanze, und noch heute spielt er bei den Andenvölkern eine wichtige Rolle, denn sie schreiben ihm glücksbringende, magische und religiöse Kräfte zu. Die Blätter finden auch in der Medizin Verwendung; sie heilen Kopf-, Zahn- und Magenschmerzen. Ihre Hauptfunktion besteht aber darin, daß sie von Müdigkeit, Hunger und Kälte befreien und die psychische Depression lindern, die den Menschen in großen Höhen unweigerlich befällt. Für die Andenbewohner ist die Droge also kein Sucht- und Fluchtmittel, sondern ein Mittel, welches die Wirklichkeit erträglich macht. Natürlich führt der Genuß von Kokablättern beim Menschen zu verschiedensten Degenerationen. Das Alkaloid beeinträchtigt den Blutkreislauf, es* schädigt die Haut und die Zähne; am schlimmsten sind aber die psychischen Auswirkungen, nämlich Apathie, Gleichgültigkeit und eine spürbare Verringerung der Konzentrationsfähigkeit (was in den Bergwerken oft zu schweren Unfällen führt). Während Alkohol eher dafür sorgt, daß der Mensch aus sich herausgeht, führt die Droge zu einem Zustand der Selbstisolierung, bei längerem Genuß unter Umständen zum Wahnsinn. Der Ausschuß der UNESCO, der das Problem in Peru und Bolivien untersucht, hat den Kokainismus eher als soziales denn als individuelles Phänomen erkannt; er kam zum Schluß, daß das Problem auf die Umwelt- und Wirtschaftsbedingungen dieser Länder zurückzuführen ist.

144 *Pisac. Einige Indiofrauen kauern bewegungslos vor ihren Waren; sie machen einen vollständig abwesenden Eindruck und scheinen in keiner Weise am Verkauf interessiert zu sein. Und doch kommen die meisten von ihnen von weit her, um ein wenig Geld zu verdienen. Gegen fünf Uhr packen sie ihre Ware wieder zusammen, laden sich die Kinder auf den Rücken und brechen in Eile auf. Die Kokablätter, die sie kauen, werden ihnen gegen Hunger und Müdigkeit helfen.*

145 *Der kleine Junge, scheinbar einsam und verlassen, wird von seinen Eltern liebevoll überwacht, während sie im Marktgedränge von Pisac ihren Geschäften nachgehen.*

146 *Im Städtchen Pisac versammeln sich die Bürgermeister der Dörfer am Río Urubamba, um am Sonntagsgottesdienst in der Quechua-Sprache teilzunehmen. Sie tragen traditionelle Gewänder und in der Hand einen Stock mit Silberverzierungen als Zeichen ihrer Macht. Während der Messe spielen sie auf einer großen Muschel, der sie gutturale Klänge entlocken.*

147 *Teilansicht des Dorfes Ollantaytambo, das in der Nähe der Inkafestung liegt. Obwohl der Ort von den Touristen erobert worden ist, nimmt das Leben hier noch einen sehr einfachen Gang, und der Junge, der nach einem Ritt ohne Sattel sein Pferd barfuß in den Stall führt, wendet sich kaum um.*

148 *Ollantaytambo. Riesige, glatt polierte Steinblöcke sind so genau aneinandergefügt, daß man die Rillen mit einem Fingernagel kaum ertasten kann.*

149 *Schon bei Anbruch der Morgendämmerung machen sich Indios gruppenweise zu Fuß oder in Lastwagen auf den Weg nach Pisac, wo am Sonntag der Markt stattfindet. Die Kinder sind gleich gekleidet wie die Erwachsenen; von ihrer dunklen Gesichtsfarbe heben sich die Wangen ab, die von der intensiven Sonnenbestrahlung und dem Wind in den Bergen gerötet und aufgesprungen sind.*

150 *Die Inkafestung von Ollantaytambo liegt auf einer Höhe von 2750 m. Sie verteidigte den Eingang zum heiligen Tal des Río Urubamba. Unter den religiösen Bauten fällt besonders ein Tempel auf, der aus sechs riesigen Monolithen von je ungefähr fünfzig Tonnen Gewicht besteht. Der rosarote Granit stammt aus weit entfernten Steinbrüchen; wie er hierher transportiert worden ist, kann man sich heute noch nicht erklären, vor allem nicht, wenn man bedenkt, daß die Inkas das Rad noch nicht kannten.*

151 *Ollantaytambo. Von besonderem Interesse sind die raffiniert angelegten Ackerbauterrassen.*

152 *Ein Zug auf dem Weg von Cuzco nach Machu Picchu. Im Tal des Río Urubamba benützen auch die Andenbewohner gern den «Personenzug», um an diese Orte zu gelangen, die zwar sehr reizvoll erscheinen, aber kaum bewohnbar sind.*

153 *Die Eisenbahn verläuft parallel zum Fluß; dieser, im Oberlauf Vilcanota genannt nach der Gebirgskette, in der er entspringt, ist ein wilder Gebirgsstrom und unterbricht nicht selten die Eisenbahnlinie. Dieses Tal macht wie nur wenige Orte einen unauslöschlichen, unvergeßlichen Eindruck.*

154/155 *«Heute gelangt man in weniger als vier Stunden mit der Eisenbahn von Cuzco her an den Fuß von Machu Picchu. So abenteuerlich die Fahrt ist, so stellt die Eisenbahn für diese Gegend doch ein ungeheuer effizientes Verkehrsmittel dar. Während man in ständigem Auf und Ab die Ausläufer der Andenkette überwindet, fragt man sich unwillkürlich, wie die Inkas wohl diesen Weg in einer derart feindlichen Landschaft zwischen der Sierra und dem Amazonasdschungel entdeckt und begangen haben. Über den Verlauf des Inkapfads bestehen allerdings Meinungsverschiedenheiten. Möglicherweise ist er nicht mit der heutigen Linienführung der Eisenbahn identisch, aber das ist nicht so wichtig. Wahrscheinlich kannten sie diesen Weg sehr gut, aber hatten sie nicht – was glaubhafter ist – einen andern, höher in den Bergen liegenden Pfad gewählt, einen Pfad über die Berge, die ihnen so vertraut waren? Wie lange sie gebraucht haben? Man kann es sich nicht vorstellen, ebenso wenig wie man sich vorstellen kann, daß dieses Volk Machu Picchu erbaut hat, daß diese Indios, die das Rad nicht einmal seiner allgemeinen Form nach gekannt haben, eine originale, modern anmutende Architektur geschaffen haben. Die Spanier zogen es vor, sich in den offenen und leichter zugänglichen Tälern anzusiedeln. Zum Glück für die Inkas und die Nachwelt gelang es den spanischen Garnisonen nicht, diesen in den Wolken verborgenen Zufluchtsort auf dem Gipfel der Welt zu finden und auszuplündern.»*
Aus dem Tagebuch von Enzo Pifferi

156 *Machu Picchu. Das Wächterhaus. Es wird so genannt, weil es ganz oben auf einem Hügel steht und die ganze alte Stadt überblickt. Seiner Form nach ist es eines der ältesten und schönsten Gebäude. Typisch für die Architektur der Inkas sind die Vollkommenheit der Struktur, die Reinheit der Linien, die Klarheit der Anlage. Diese Merkmale finden sich immer wieder in Dutzenden von befestigten Städten überall in den Anden, von Chile bis zum Äquator und bis an die Grenzen der Amazonaswälder.*

157 *Die Inkas besaßen große Kenntnisse auf dem Gebiet der Astronomie und empfanden ein tiefes Bedürfnis nach einer genauen Zeiteinteilung. So entwickelten und schufen sie schließlich* **Intiwatana,** *die Sonnenuhr; ein kegelförmiger Zeiger auf einem großen Steinblock gibt mit seinem Schatten den Lauf der Sonne an.*

158 *Machu Picchu. An sehr unwegsamen Orten mitten in den Bergen legten die Inkas Ackerbauterrassen an, von deren Ertrag die Gemeinschaft offenbar leben konnte. Mit diesem System boten sie auch der starken Erosion Einhalt, die in vielen Andentälern die Vegetation zerstört und ganze Landstriche in Wüsten verwandelt hat. Die Terrassen boten natürlich auch Schutz vor Überschwemmungen, Wind und Erdrutschen. Als man sich mit den Gründen der katastrophalen Erosion zu beschäftigen begann, nahm man an, die Ziegen, die selbst Bäume und Sträucher kahlfressen, seien für diese Verwüstung verantwortlich. Doch man erkannte schon bald, daß die Erosion auf klimatische Faktoren zurückzuführen war.*

159 *Machu Picchu liegt auf 2000 m Höhe auf einem Bergsporn über dem Río Urubamba. Die Stadt war buchstäblich uneinnehmbar. Da die spanischen Chroniken aus der Zeit der Conquista diesen Ort nicht erwähnen, nimmt man an, daß die Spanier ihn gar nicht gefunden haben. Von den Inkas aufgegeben, wurde er von der tropischen Vegetation überwuchert und erst im Jahr 1911 von Hiram Bingham anläßlich seiner Reise auf der Suche nach der heiligen Stadt Vilcabamba wiederentdeckt. Die von dicken Mauern umgebene Anlage enthält Tempel, Wohnbezirke und ein kompliziertes Bewässerungssystem. Wann sie erbaut wurde, kann man nicht mit Sicherheit sagen. Die Architektur deutet jedoch auf die Epoche von König Pachacuti hin, der um die Mitte des 15. Jahrhunderts regiert hatte.*

160 *Blick von Machu Picchu auf den Río Urubamba hinunter, der sein Wasser über den Río Ucayali dem Amazonas zuführt.*

75

76

82

83

84

85

86

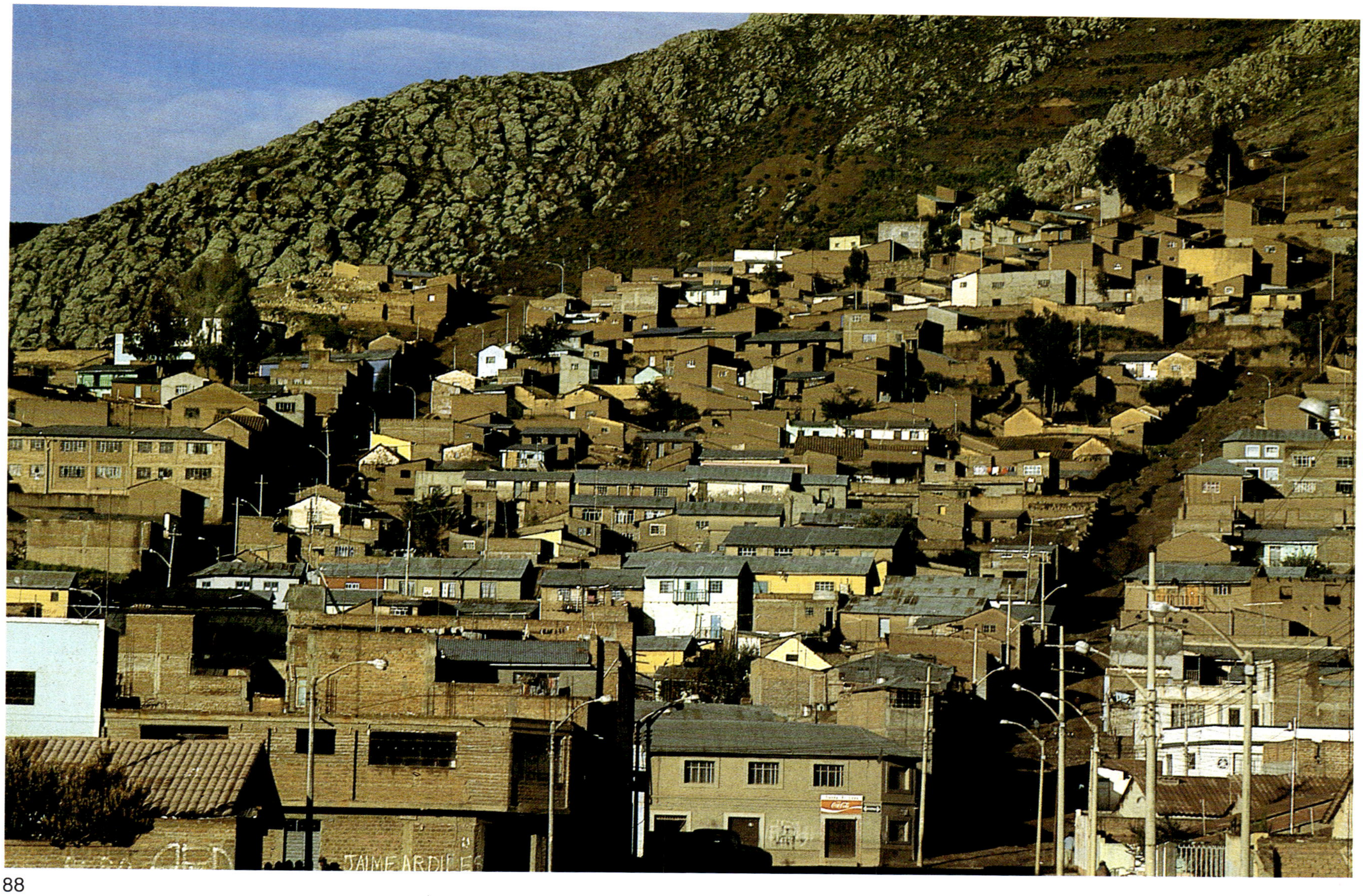

88

JULIACA
ALTURA 3825 MTS.
A PUNO
47 KMS.
A AREQUIPA
304 KMS.
AL CUZCO
338 KMS.
4654

89

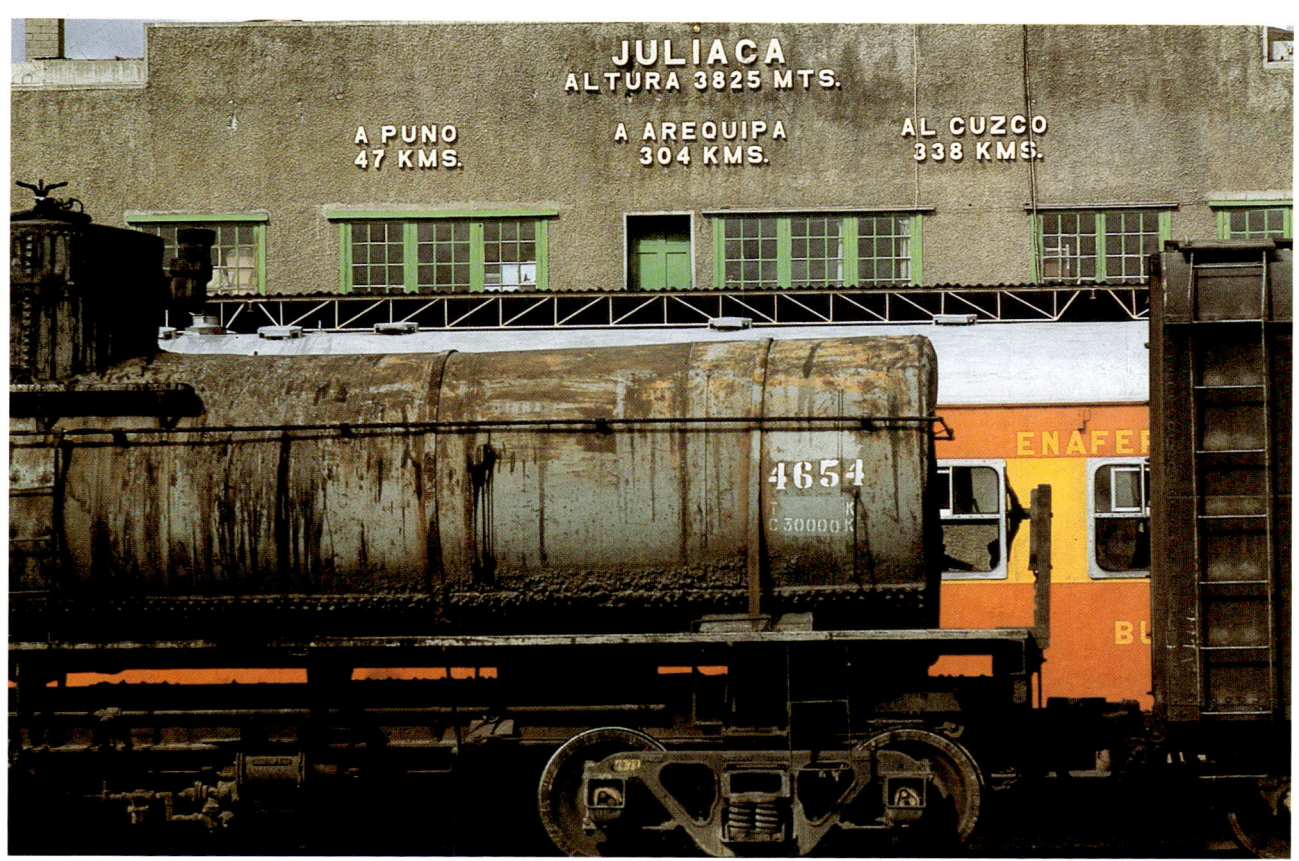

93

94

95

96

97

CUZCO-AREQUIPA
NAFER - PERU
98

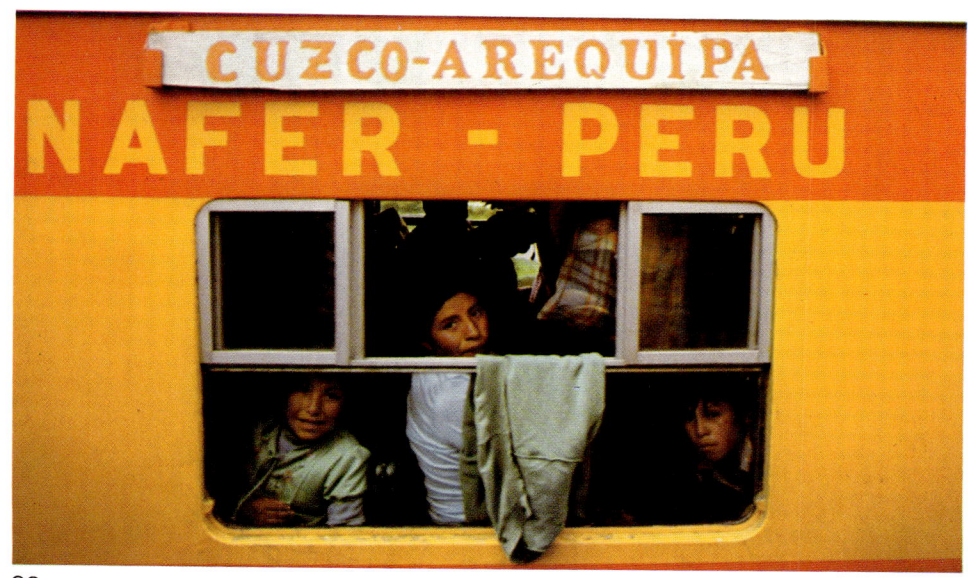

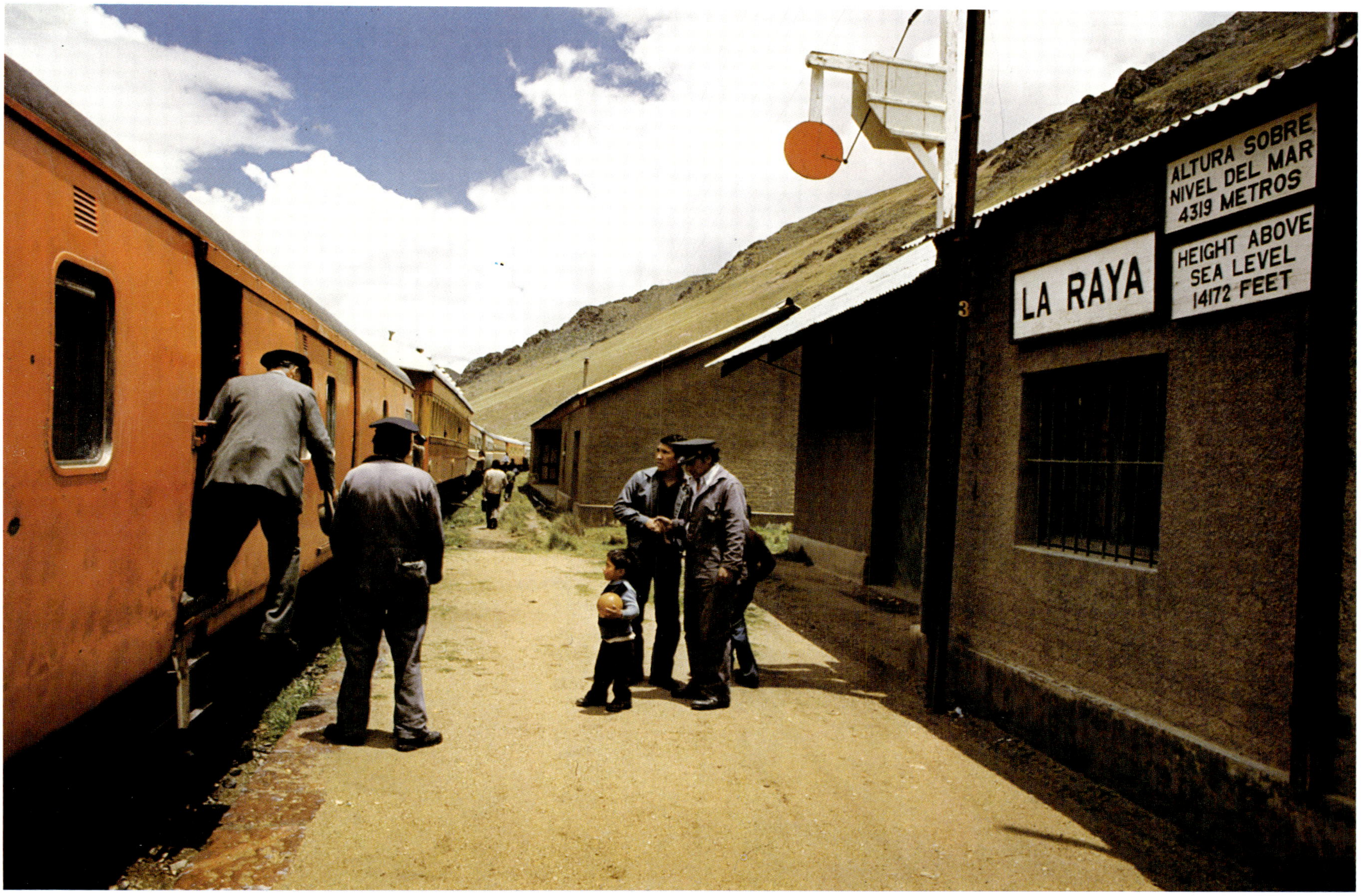
ALTURA SOBRE
NIVEL DEL MAR
4319 METROS
LA RAYA
HEIGHT ABOVE
SEA LEVEL
14172 FEET
99

112

113

116

117

118

119

120

125

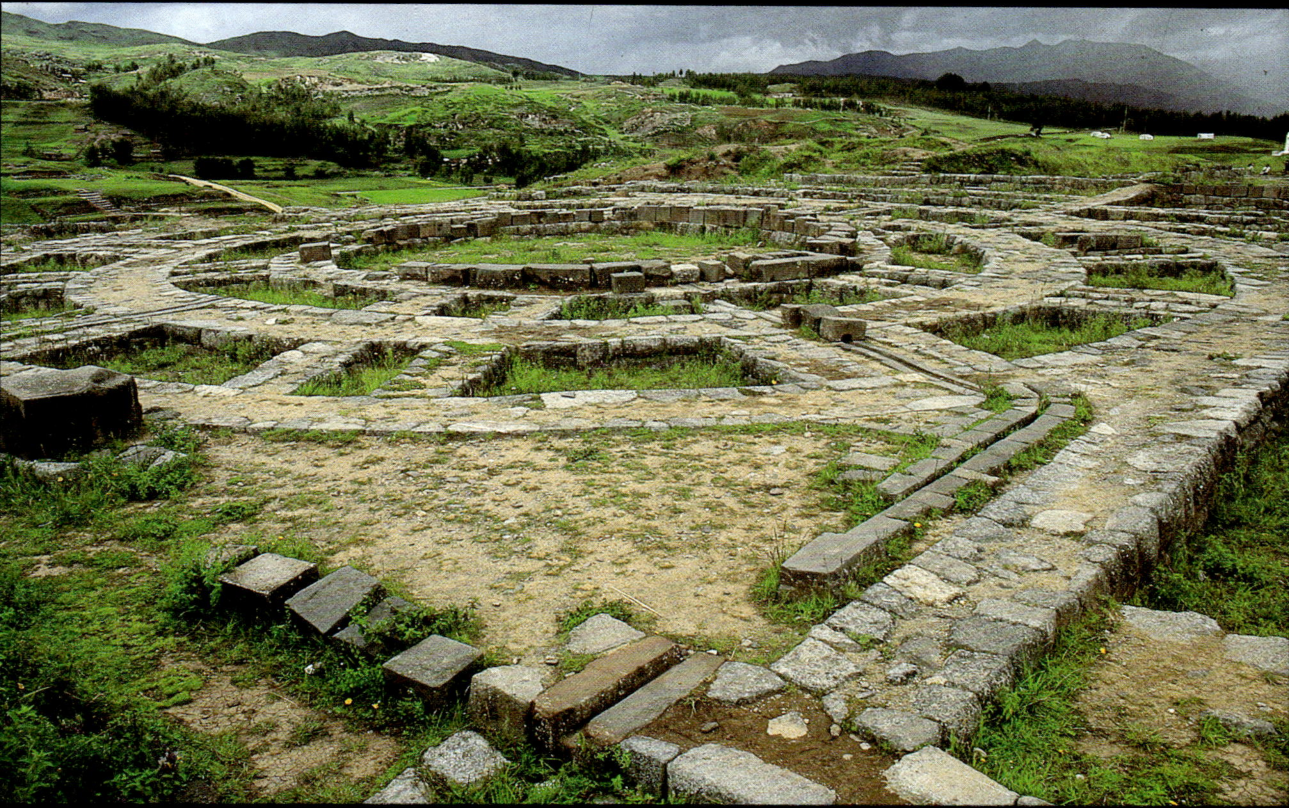

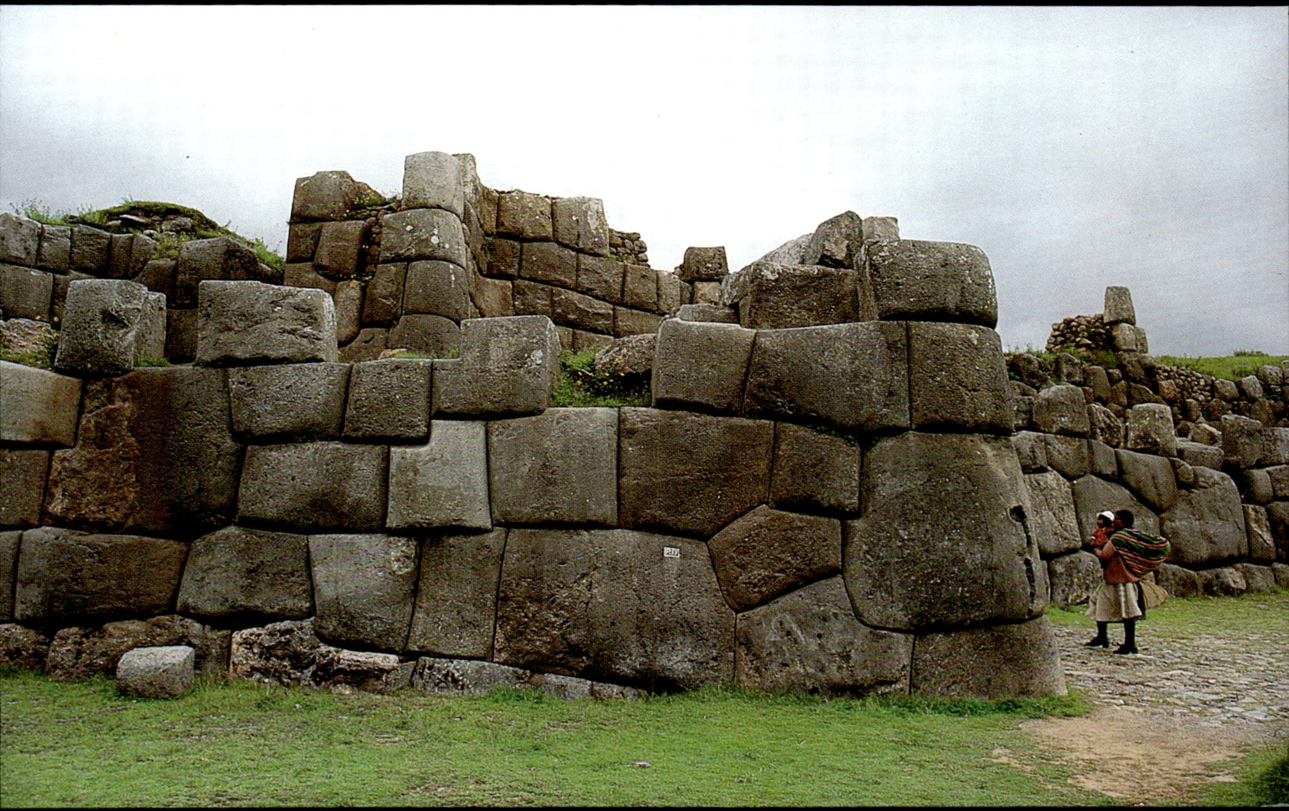

126

127

128

131

130

132

133

135

136

137

138

139

140

141

143

145

146

147

148

149

150

156

157

158

Emilio Magni

EINE ZUGREISE AUF DEN SPUREN DES INKAGOTTES VIRACOCHA

Am Vorabend meiner Abreise von Cuzco hatte mich der Portier des Hotels «Garcilaso» gewarnt: «Passen Sie auf, der Zug nach Puno fährt pünktlich ab, manchmal sogar ein paar Minuten zu früh. Nichts in Peru ist pünktlich außer der Eisenbahn. Aber auch das gehört zu den Gegensätzen unseres Landes!»

Ich hatte mich also frühzeitig zum Bahnhof begeben und konnte nun in Muße die farbenfroh gekleidete Schar der Indios auf dem Bahnsteig beobachten, während der Zug langsam rückwärts in die Station einfuhr, alle paar Sekunden schrill pfeifend wie ein Dampfschiff. Die Indios, die sich auf den Schienen niedergelassen hatten, standen gemächlich auf, aber erst, wenn der hinterste Wagen des Zuges schon in bedrohlicher Nähe war. Die einen begannen schon einzusteigen, indem sie sich auf die Trittbretter schwangen. Als der Zug mit einem unendlich langen Pfiff schließlich zum Stillstand kam, waren die meisten Plätze schon besetzt. Alle Reisenden waren ziemlich arm. Die Frauen trugen bunte Obergewänder, bodenlange schwarze Röcke und ein kleines Hütchen; ihr pechschwarzes Haar hing, zu langen Zöpfen geflochten, weit über den Rücken hinunter. Die Männer trugen einen Strohhut, den Poncho, knöchellange Hosen und trotz der noch herrschenden

Kälte keine Schuhe. Viele der Frauen hatten Kinder bei sich; sie trugen sie auf dem Rücken oder führten sie an der Hand. Alle Passagiere waren mit Taschen, Bündeln und Körben beladen.

In kürzester Zeit platzten die Wagen dritter und zweiter Klasse beinahe aus den Nähten. Ich schickte mich eben an, diesen langsamen, lautlosen Überfall auf den Zug im Bild festzuhalten, als mir eine Frau auffiel, die auf dem Bahnsteig hocken blieb, neben sich einen drei- oder vierjährigen Jungen, ein noch kleineres Kind auf dem Rücken festgebunden. Dieses anmutige Trio mit der grünen Diesellokomotive im Hintergrund würde eine herrliche Aufnahme geben. Langsam näherte ich mich. Die Frau beobachtete mich, und als ich sie fotografierte, rief sie mir ein paar zornig klingende Worte zu, vermutlich eine Beschimpfung in ihrer Sprache. Der Grund für diese Schmähung wurde mir bald klar, als ich ein kleines Rinnsal bemerkte, das unter dem Rock der Frau hervor den Gleisen zustrebte. Daraufhin stand sie ruhig auf und bestieg den Zug, wo ein Mann ihr einen Platz freigehalten hatte.

Auch ich wäre gerne dritter oder zweiter Klasse gereist, um in der Nähe des Volkes zu sein, um die Gespräche mitanzuhören, die Sitten und Bräuche kennenzulernen. Doch am

Vorabend hatte mir der Portier meines Hotels davon abgeraten: «Wenn Sie die Landschaft fotografieren und in Ruhe ihren Angelegenheiten nachgehen wollen, dann sollten Sie in der ersten Klasse fahren. Da gibt es auch einen Speisewagen. Vergessen Sie nicht, daß die Reise lang ist, daß Sie erst gegen Sonnenuntergang in Puno ankommen.» Und so habe ich den Rat des Portiers befolgt.

Wer noch nie durch die Kordillere der Anden gereist ist, kann sich kaum vorstellen, wie beschwerlich die ständigen Höhen- und Temperaturwechsel sind: am einen Tag auf Meereshöhe, am folgenden auf 4000 m ü.M., am dritten wieder an der Küste; tagsüber glühendheiße Sonne, des Nachts Temperaturen knapp über dem Gefrierpunkt. Und dann dieses verflixte, allgegenwärtige Pisco, ein peruanisches Getränk, dem man kaum widerstehen kann, weil es die Lebensgeister wieder etwas anregt; das Ergebnis ist allerdings, daß man sich nach einer gewissen Zeit ziemlich benebelt fühlt.

Auf dem Pfad der Inkas

Der Zug fuhr in der Tat pünktlich ab. Ich fand einen Platz im Speisewagen, wo ich von einem schwarzen Kellner in weißer Jacke und schwarzer Hose empfangen wurde. Sozusagen als Kontrast zur farbenfrohen Welt, in der ich mich befand, trug er auch noch ein weißes Hemd mit schwarzer Fliege. Auch die Innenausstattung des Wagens verriet eine gewisse Eleganz. Die Sitze waren mit rotem Samt überzogen, und die Stützen der Gepäcknetze trugen glänzende Messingverzierungen.

Über den Türen an beiden Wagenenden befanden sich zwei Deckenschränke mit der Aufschrift «Oxígeno», Sauerstoff. Der Kellner bemerkte mein Stutzen und erklärte mir: «Der Zug wird Höhen von über 4000 m erreichen; La

Raya, der höchste Punkt unserer Reise, liegt auf 4313 m ü.M. Es gibt immer wieder Reisende, die sich schlecht fühlen, vor allem auch Europäer, die solche Höhen nicht gewohnt sind. Dann brauchen sie etwas Sauerstoff. Wenn Ihr Kopf schwer wird und Sie Atembeschwerden haben, können Sie sich bedienen. Sie brauchen sich nur die Maske über das Gesicht zu ziehen. Genau wie in einem Flugzeug.» Ich wußte allerdings, daß ich keinen Sauerstoff brauchen würde. Selbst an diese Höhen kann man sich gewöhnen, und ich hatte schon vor ein paar Tagen auf der Fahrt von Lima nach Cerro de Pasco mit der höchstgelegenen Eisenbahn der Welt beinahe die 5000-m-Grenze erreicht. Ich war also bereits akklimatisiert.

In meinem Wagen waren außer mir nur vier oder fünf weitere Reisende, Indios, die aber ganz anders gekleidet waren als die Menge, die ich vor kurzem noch am Bahnhof beobachtet hatte. Sie trugen normale Anzüge, die trotz ihres guten Schnitts einen gewissen Kontrast zu den dunklen, rötlichen Gesichtern bildeten. Zweifellos waren es Männer, die sich den Luxus leisten konnten, eine Fahrkarte für die erste Klasse zu bezahlen; eine solche ist für Touristen aus Europa oder Amerika dank des günstigen Wechselkurses ohne weiteres erschwinglich, für Einheimische hingegen kaum.

Zu den Mitreisenden gehörte auch ein blondes, hochgewachsenes, sehr schlankes Mädchen, dessen langes Haar ein von der Sonne leicht gerötetes Gesicht umrahmte. Es war mir sofort klar, daß es sich nur um eine Amerikanerin oder Engländerin handeln konnte, die auf der langen, faszinierenden Reise durch die Anden auf Abenteuer oder auf kulturelle Erbauung aus war. Ich war in den letzten Tagen schon mehreren von ihnen begegnet, in Cerro de Pasco und in Huancayo. Auch dieses Mädchen reiste allein. Sein Gepäck bestand nur aus einem Rucksack, aus dem das Ende eines zusammengerollten Schlafsacks herausschaute. Außen war eine Machete festgebunden, daneben baumelte eine Rolle Toilettenpapier. Auf diese Weise waren die Waffe zur Selbstverteidigung und der wichtigste Artikel für die persönliche Hygiene stets griffbereit. Auch die andern Mädchen, die ich gesehen hatte, waren mit Machete und Toilettenpapier ausgerüstet. Auf ein allein reisendes Mädchen lauern zahlreiche Gefahren, tagsüber und besonders bei Nacht. Die Indios lieben Chica und Pisco über alles, und wenn sie genügend davon gehabt haben, verlieren sie leicht die Kontrolle über sich selbst und werden angriffig. Und die blonden Haare übten natürlich einen ganz besonderen Reiz aus.

Langsam fuhr der Zug durch die Außenquartiere der Stadt, ununterbrochen pfeifend. Und das mit gutem Grund, denn die Linie führte ohne jeden Schutz mitten durch armselige Barackenviertel, und Hunderte von Indios, vorwiegend Frauen und Kinder, drängten sich auf beiden Seiten in Doppelreihen ans Gleis, um die Zuginsaßen zu beobachten und mit ihnen Grüße auszutauschen.

Für die Indios bedeutet eine Reise im Zug ein Fest. Die Indios reisen sehr viel. Wenn möglich benützen sie dabei den Zug, aber selbst das peruanische Eisenbahnnetz, das zu den besten an der Pazifikküste zählt, erstreckt sich nur über einen Sechstel des gesamten Territoriums. Neben der Linie Cuzco–Puno stellt die Strecke Puno–Arequipa–Mollendo die Verbindung zwischen dem Titicacasee und der Küste her. Von Lima aus führt eine weitere Linie nach La Oroya und damit nach Huancayo auf der einen und nach Cerro de Pasco auf der andern Seite. Der Norden Perus und das ganze Amazonasgebiet sind schienenweglos. Hier reisen die Einheimischen in pittoresken, aber fürchterlich unbequemen Autobussen und in Lastwagen mit busähnlichen Aufbauten. Sie quälen sich über

kaum befahrbare Straßen, die Höhen von über 5000 m erreichen. Die *carreteras*, die Landstraßen, sind sehr eng und überqueren schwindelerregend tiefe Bergschluchten oft auf Brücken, die nur aus Holzbrettern ohne jegliches Geländer bestehen.

Die Indios strömen aus den abgelegenen Tälern des Río Santa, des Río Urubamba und des Río Marañón in die Stadt Cuzco, wo jeden Tag ein unbeschreibliches Marktgedränge herrscht. Sie kommen herbei, um die Produkte ihrer Erde zu verkaufen und mit dem Erlös Kleider und Gerätschaften zu erstehen. Jeden Tag treffen Hunderte von armen Indios in Lima ein, angelockt von der glitzernden Metropole, von den Wolkenkratzern, von den Straßen mit ihren reich dekorierten Schaufenstern, von den großen Märkten und den Neonreklamen. Und viele von ihnen kehren nicht mehr in ihre Behausungen auf dem Altiplano unweit des ewigen Schnees zurück, wo bis auf beinahe 4000 m noch Weizen und Roggen angepflanzt werden können. Und doch bietet ihnen Lima nicht viel mehr als ein paar Quadratmeter Wüste an der Peripherie, wo sich die Slums immer weiter ausdehnen und die Wohnviertel tentakelartig immer mehr einengen.

Auch in Cuzco, der ehemaligen Hauptstadt und heute zweitgrößten Stadt des Landes, wachsen die Armenviertel immer stärker. Unser Zug brauchte gut zwanzig Minuten, um uns durch die Außenbezirke an den Stadtrand zu bringen. Auch in Cuzco verzichten viele Indios auf die Rückfahrt in ihre Heimat.

Nach der Eintönigkeit der ersten paar Kilometer öffnete sich dann der Ausblick auf die herrliche Landschaft. Der Zug fuhr nun ziemlich schnell am Westufer des Río Apurímac entlang, der auf beiden Seiten von riesigen Eukalyptusbäumen gesäumt ist. Die noch tief am Horizont stehende Sonne sandte ihre Strahlen durch die Äste und erzeugte auf dem träge dahinfließenden Wasser blendende Spiegelungen. Jenseits des Flusses dehnten sich bebaute Felder aus, die einen saftig grün, die andern schon strohgelb, wieder andere noch braun. Überall waren kleine Grüppchen Indios an der Arbeit; auf den engen, staubigen Straßen begegnete man nur selten einem Auto; landwirtschaftliche Maschinen gab es überhaupt keine.

Fasziniert bestaunte ich diese Landschaft. Auch das blonde Mädchen beugte sich aus dem Fenster neben dem meinen und schien ebenso begeistert zu sein. Ohne jeden Annäherungsversuch fragte sie mich auf Englisch: «Wohin fährst du?»

«Nach Puno. Nachher weiß ich noch nicht; vielleicht mache ich einen Ausflug auf dem Titicacasee. Dann möchte ich nach Arequipa fahren. Und von dort aus werde ich nach Lima zurückfliegen.»

«Warum fliegen? Fliegen ist so ziemlich die dümmste Art, sich in diesem prachtvollen Land fortzubewegen. Ich reise nur im Zug und im Autobus. Nur so kann man diese einzigartigen Landschaften richtig genießen.»

«Die Zeit. Das ist ein Problem, das du vielleicht nicht hast. Woher kommst du und wohin fährst du?»

«Nein. Zeit ist für mich wirklich kein Problem. Ich bin nun seit zwei Monaten allein unterwegs. Ich komme aus England. Mein Vater hat mir zur bestandenen Prüfung diese Südamerika-Reise geschenkt, und ich will sie in vollen Zügen genießen. Zuerst habe ich Venezuela, Ecuador und Kolumbien besucht. Dann bin ich nach Peru gekommen. Ich bin der Küste entlang nach Süden gereist, habe Huaraz, die Cordillera Blanca und dann Lima gesehen. Danach war ich in Machu Picchu, und jetzt bin ich hier.»

«Und wohin gehst du nun?»

«An den Titicacasee, dann per Bus nach La Paz und weiter nach Chile und Argentinien. Wenn möglich nehme ich den Zug von Valpa-raíso nach Buenos Aires, quer über die Anden, am Fuß des Aconcagua vorbei. Von Buenos Aires werde ich nach England zurückkehren. So in ein paar Monaten.»

«Und immer allein?» – «Immer allein. Allein kann man besser reisen. Man kann sich das ansehen, wozu man gerade Lust hat.»

Unser Gespräch wurde vom Kellner unterbrochen; er brachte eine rote Plastikhülle, auf der in goldenen Lettern «Sociedad Ferrocarril» zu lesen war. Drin war die Speisekarte für das Mittagessen. Die Wahl fiel nicht leicht. Es wurden vor allem Spezialitäten der peruanischen Küche angeboten. Da gab es «Pimienta picante peruana», Rindfleisch an einer Art Pfeffersauce, die den Gaumen in ein Höllenfeuer verwandelt. Oder «Chebice de corvina», drei bis vier Stunden in Zitronensauce gekochten Fisch. Auch dieses Gericht sorgt dafür, daß einem der Mund für ein paar Minuten offen steht. Diese Speisen sehen verlockend aus, aber wer schon seit ein paar Tagen in Peru ist, hat sie sicher schon versucht und bestimmt die Nachwirkungen am nächsten Tag verspürt. Deshalb war es ratsam, etwas weniger Exklusives zu wählen. Ich entschied mich für Braten, doch den gab es nicht. Und so bestellte ich schließlich drei Spiegeleier mit Salat.

Margaret, meine zeitweilige Reisegefährtin, verlangte «Chupe a la limena», eine Suppe mit Krebsen, kleinen Fischen, frischem Käse und *papas*. Auch dieses Gericht stand nicht auf der Speisekarte, und so mußte auch sie sich mit drei Spiegeleiern begnügen. Sie trank Chica, ich Serveza, das gute peruanische Bier ganz ohne Kohlensäure; es ist sehr weich, und wenn man es zum ersten Mal trinkt, glaubt man einen leichten Erdölgeschmack wahrzunehmen. Man gewöhnt sich aber schnell daran, und das Gebräu mundet schließlich ausgezeichnet.

Nach dem Mittagessen tranken wir einen Kaffee, der nach Abwaschwasser schmeckte, und zuletzt folgte der unvermeidliche «Pisco sour». Dies ist ein Cocktail auf der Basis von Pisco, vermischt mit viel Zitronensaft, gequirltem Eiweiß, einem Tropfen Gummi arabikum und einem Schuß Angostura. Leider gab es kein Eis. Die Gesellschaft hatte zwar keine Mühe gescheut, den Touristen einen gewissen Standard zu bieten, doch hatte sie leider das Eis vergessen, auf das die meisten Touristen doch kaum verzichten mochten. Anderseits hatten wir der Küche des Speisewagens auch keine besondere Ehre erwiesen, und vielleicht servierte man uns deshalb kein Eis.

Mittlerweile hatte der Zug ständig an Höhe gewonnen, und wir befanden uns sicher schon auf 3500 m. Die weiten Ebenen in prächtigem Grün dienten jetzt nur noch als Weideland. Ab und zu stoben vom Zug aufgescheuchte Lamas in großen Sätzen durch Büsche und hohe Grasbüschel davon. In der Ferne zeichneten sich schneebedeckte Berggipfel gegen einen azurblauen Himmel ab, über den der Wind ein paar einsame weiße Zirren jagte.

Margaret war auf dem bequemen roten Samtsessel eingeschlafen. Ich genoß die herrliche Aussicht und fragte mich immer wieder, ob die Route des Zuges wohl wirklich mit dem berühmten alten Inkapfad identisch sei. Nach längerer Überlegung war ich geneigt, diese Frage zu bejahen. Ein Blick auf eine Landkarte zeigt, daß die Eisenbahnlinie auf direktem Weg von Cuzco nach Puno führt; und logischerweise mußte die alte Straße zwischen dem «Nabel der Welt» und dem stark besiedelten Ufer des höchsten Sees der Welt ebenfalls der kürzesten Verbindung gefolgt sein. Über diese Weiden eilten also einst die Stafettenläufer, welche Nachrichten aus der Inka-Hauptstadt in die entlegenen Orte brachten. Auf dieser Route war die Verbindung mit den im Süden lebenden Stämmen aufrechterhalten worden. Auf diesem Weg gelangten die unermeßlichen Gold- und Silberschätze in die Hauptstadt, wo sie dem gefürchteten Inkaherrscher Atahualpa überreicht worden waren. Und auf dem gleichen Weg suchten die spanischen Eroberer unermüdlich jenes Gold, das die Inkas ihrem Gott geopfert hatten.

Der Zug hielt in einem kleinen Dorf an: Häuser aus Lehmziegeln mit Strohdächern, dazwischen vereinzelte Bäume. Magere, schwarze Schweine wühlten in der roten Erde. Hinter den Häusern war eine kleine, schneeweiße Kirche mit einem barocken Glockenturm zu erkennen. Die Station besaß keinen Bahnsteig, und neben dem Gleis kauerten Frauen in kleinen Gruppen, die allerhand Waren feilboten. Als sie einen Fremden entdeckte, stand eine Frau auf, näherte sich meinem Fenster und bot mir gesalzene Kürbiskerne an. Dabei nannte sich mich *gringo;* vielleicht hielt sie mich für einen Amerikaner.

Zahlreiche Passagiere waren ausgestiegen, um irgend etwas zu kaufen. Die besten Geschäfte machten leider jene Verkäufer, die Coca Cola und Fanta anpriesen. Ein kleiner Junge in Poncho und Hut kaufte sich ein Windrädchen, mit dem er dann überglücklich den Zug entlang rannte.

Ich hielt es für meine Pflicht, Margaret aufzuwecken: «Komm schon, nun reist du per Zug, um die Welt zu sehen, und dann schläfst du ein...»

«Ich habe die letzte Nacht eben im Wartsaal von Cuzco verbracht und dabei kaum geschlafen. Da war noch eine Indiofamilie mit drei oder vier Kindern, die ununterbrochen weinten.»

Der Lokomotivführer ließ einen langgezogenen Pfiff ertönen, und dann setzte sich der Zug langsam in Bewegung. Die Reisenden, die noch draußen standen, begannen ohne allzu große Eile wieder einzusteigen, und der Zug fuhr erst schneller, als niemand mehr aufspringen mußte. Kaum lag das Dorf hinter uns, als ich ein paar Jungen entdeckte, die mit einem jungen Stier kämpften. Das Schauspiel erregte auch die

Aufmerksamkeit der jungen Engländerin, die prompt eine Verwünschung ausstieß: «Verflucht, und dabei hätte ich so gern einen Kampf zwischen Stier und Kondor gesehen. In Lima hat man mir gesagt, in Caruaz würde ein paar Tage später eine Fiesta stattfinden, wo ich in der Arena einen solchen Kampf ansehen könne. Achtzehn Stunden war ich mit dem Bus auf fürchterlichen Straßen dahin unterwegs. Aber dieses Jahr gab es keinen Kondor-Kampf. Sie hätten keinen Kondor gefangen, hieß es, aber ich glaube vielmehr, daß es diesen Brauch nicht mehr gibt. Das muß ein grausames, aber sehenswertes Spektakel gewesen sein.»

«Auch ich hätte gern eins erlebt, aber auch ich glaube, daß es sie nicht mehr gibt. Solche *corridas* zwischen Kondor und Stier wurden vor allem in bestimmten Regionen der Sierra veranstaltet. Zuerst mußte man einen Kondor fangen. Dies geschah mit Hilfe einer Fallgrube, die mit Laub und Ästen zugedeckt wurde. Darunter versteckte sich ein Indio, der sich auf diese Art Jagd verstand. Als Köder dienten meist Schafkadaver. Oft dauerte es tagelang, bis einer dieser stolzen Greifvögel in die Falle ging. Dann wurde er in der Arena drin auf dem Rücken des Stiers festgebunden. Der Kondor hackte mit seinem scharfen Schnabel wütend auf den Schädel des Stiers ein und brachte ihm tiefe Wunden bei. Der rasende Stier tobte durch die ganze Arena, im vergeblichen Bemühen, sich zu befreien. Die erregte Menge der Indios feuerte ihn laut schreiend an. Die Corrida endete praktisch unausweichlich mit dem Tod des Stiers. Wenn er zu Boden stürzte und der Kondor weiterhin wild draufloshackte, spendete die Menge tosenden Beifall. Für sie war dieses grausame Spiel ein Symbol für den Sieg der Indios über die Spanier, für den Sieg ihrer Rasse über die weiße.»

«Dafür habe ich einen Hahnenkampf gesehen», erzählte Margaret. «Auch das ist ein grausames Schauspiel, vor allem aber deshalb faszinierend, weil die Zuschauer auf Sieg oder Niederlage eines der beiden Kampfhähne wetten.»

Auch ich hatte solche Hahnenkämpfe gesehen, in Lima, in den Arenen der Außenbezirke ebenso wie in der exklusiven Arena im Stadtzentrum. Dort prägten Schweißgeruch, Tumult, Rauchschwaden und schwaches Licht die Atmosphäre; hier war alles hell erleuchtet, äußerst komfortabel, und die Grabesstille wurde nur durch ein leises Raunen unterbrochen, wenn einer der Kampfhähne in den feuchten Sand sank. Vor der Arena ein großer Parkplatz mit Luxuswagen.

Die aus gutbürgerlichen Kreisen stammenden Jugendlichen, die nach der neuesten europäischen oder amerikanischen Mode gekleidet waren, verfolgten das Spektakel in tiefem Schweigen, einen Strohhalm zwischen die Lippen geklemmt und eine Flasche Coca Cola (in Peru Inca Cola genannt) in der Hand. Sie zeigten kaum Reaktionen, wenn ein blutüberströmter Hahn zu Boden ging. Zwischendurch konzentrierte ich meine Aufmerksamkeit auf einen jungen Mann und ein Mädchen, die unter einer bunten Decke eng nebeneinander saßen. Kaum hatte jeweils der sterbende Hahn seinen Kopf auf den Sand gelegt, als sie schon in Küssen versanken, von Mal zu Mal länger und intensiver. Da begriff ich, daß der blutige Kampf um Leben und Tod, das Zusammentreffen solcher Gegensätze, wirklich erregen oder sogar sexuelle Gefühle auslösen kann. Und diese Erkenntnis bestätigte ein merkwürdiges Aufblitzen in Margarets Augen, während sie den Kampf zwischen den Jungen und dem Stier beobachtete. Auch dies hat mich die wunderbare Welt der Anden gelehrt, wo die Empfindungen, Gefühle und Leidenschaften nie vollständig zur Ruhe kommen.

Den Anden verdanke ich aber auch die Einsicht, daß hier die Natur immer noch die Macht besitzt, die Dimensionen des Menschen zu sprengen, ganz im Gegensatz zu Europa, wo dieser seine Umwelt immer mehr und mehr unterdrückt und einengt. Die gewaltige Einsamkeit Perus, die Wüstengebiete entlang der Küste, das Meer, das nur erfahrenen Seeleuten zugänglich ist, die unendlich weiten Hochebenen und Amazonaswälder, sie erdrücken das Individuum. Ich empfand dieses Gefühl der Ohnmacht, der absoluten Nichtigkeit, als ich nach 18stündiger Fahrt über die Straße von der Küste nach Huaraz in der Morgendämmerung auf dem Gonococha-Paß in 4200 m Höhe ankam. Ich befand mich auf dem Grat der Cordillera Nigra, der Wasserscheide zwischen dem Pazifik und dem Tal des Río Santa. Die Morgenröte stieg hinter der mächtigen, makellosen Bergkette empor und verbreitete fahlen Lichtschein. Im tiefblauen Himmel leuchtete noch das Kreuz des Südens. Dann aber ging unvermittelt die Sonne über einem Gipfel auf und verbreitete goldene Helligkeit über dem großen Tal, in dem schon geschäftiges Treiben herrschte. Die Indios und ihre Schafherden waren noch kaum zu erkennen in den Nebelschwaden, die vom Río Santa aufstiegen, der unmittelbar unterhalb des Passes entspringt. In der Ferne zeichnete sich die imposante Gestalt des Huascarán ab. Dieses Schauspiel faszinierte und bedrückte mich zugleich. Ich hätte eigentlich Glück oder Angst empfinden müssen, aber ich fühlte überhaupt nichts, ich existierte nicht.

Vielleicht ist diese ständige Überlegenheit der Natur auch die Ursache für die Resignation des Indios, der nicht gegen diese Unterjochung ankämpft, sondern zu Coca und unendlich vielen anderen Mitteln greift, die ihm die Illusion vermitteln, sich verteidigen zu können. Dazu gehören auch verschiedene Getränke wie *yajen,* der anregende Saft einer Pflanze, dessen bitterer Geschmack mit *samiruna,* einem süßen Blätterextrakt, gemildert wird. Zwei oder drei Portionen dieses Getränks genügen, um den Menschen in Trance zu versetzen.

Am frühen Morgen begrüßen die Hirten der Sierra die ersten Sonnenstrahlen mit der *quena,* einem hornartigen Instrument, das aus Schienbeinknochen junger Rinder hergestellt wird. Melancholische Melodien sagen Dank für den neuen Tag und verjagen die bösen Geister der Nacht. Auch die Klänge der *quena* wirken wie eine Art Droge.

Die wirkliche Wunderdroge des Indios ist aber das Kokain. Es begleitet ihn tagtäglich und erlaubt ihm, seine eigene Existenz erträglich zu machen, Müdigkeit, Hunger und Durst zu überwinden. Coca gibt ihm die Kraft, mit riesigen Lasten auf den Schultern in kleinen, raschen Schritten die steilen Pfade der Sierra zu erklimmen. Die kleine Schwellung in der Wange deutet unfehlbar darauf hin, daß der Indio eine Kokakugel im Mund hat. Alle zwei oder drei Stunden knetet er mit den Händen ein paar frische Kokablätter zusammen und schiebt sich eine neue Kugel in den Mund. Dann dreht er ein Holzstäbchen in etwas Kalk oder Asche, die er in einem farbigen Kürbis bei sich trägt. Wenn er an diesem mit Kalk oder Asche imprägnierten Stäbchen kaut, setzt der Speichel jenes Alkaloid aus den Kokablättern frei, das ihn ins Paradies befördert. Fast ununterbrochen rinnt ein dünner Speichelfaden zwischen den weißlichen, aufgesprungenen, vom Laster verbrannten Lippen hervor.

Die Wirkung einer Dosis Coca hält zwei bis drei Stunden an. Dann unterbricht der Indio seine Arbeit, oder er hält im Marsch inne, setzt sich hin und vollzieht in aller Ruhe das Ritual, eine neue Kugel zu formen. Die Kokablätter stellen eine Währung dar, die der Indio von seinem Arbeitgeber als Taglohn erhält.

In der Zwischenzeit folgte der Zug weiterhin dem alten Inkapfad zwischen Cuzco, der Hauptstadt des Reiches Tahuantinsuyu, und dem Titicacasee, an dessen Ufern, so will es die

Legende, der Schöpfergott Viracocha geboren worden sein soll. Die Landschaft zeigte jetzt allerdings ein verändertes Gesicht. Wir hatten stetig an Höhe gewonnen, und die grünen Weiden des Hochlandes, auf denen sich faule Lamas und ein paar seltene Alpacas getummelt hatten, waren einer dürren Heidelandschaft mit vielen und tiefen Schluchten gewichen. Das Gestein war von rostroter Farbe und schimmerte golden. Die Natur präsentierte sich von ihrer trostlosesten Seite. Wir schienen uns nicht mehr auf der Erde zu befinden.

Zweifellos war diese Gegend aber sehr reich an Bodenschätzen. Peru war schon vor der Zeit der Kolonialisierung für seine Produktion an Edelmetallen, vor allem an Gold und Silber, bekannt gewesen. In jüngerer Zeit werden aber auch Antimon, Arsenik, Wismut, Molybdän, Vanadium und natürlich Kupfer abgebaut.

Das Gold ist aber auch heute im Bergbau Perus noch von großer Bedeutung. Die wichtigsten Adern befinden sich eben im Tal des Río Apurímac, wo schon die alten Inkas das Edelmetall abgebaut hatten, um damit die königlichen Bauwerke in Cuzco auszuschmücken.

Um 15.00 Uhr, immer noch genau nach Fahrplan, erreichte der Zug La Raya, den Scheitelpunkt der Linie auf 4313 m ü.M. Ein Schild in der kleinen Station weist auf diese Tatsache hin.

«Macht dir die Höhe nicht zu schaffen?» fragte ich meine Reisegefährtin. Margaret würdigte mich kaum einer Antwort. Auch sie hatte sich schon längst daran gewöhnt. Mein Blick wanderte zum Sauerstoffkasten, der immer noch geschlossen war. Offensichtlich war keiner der wenigen Insaßen des Speisewagens in Schwierigkeiten.

Margaret konnte den Frauen, die neben dem Gleis ihre Waren anpriesen, nicht widerstehen. Wir stiegen beide aus, sie, um etwas zu kaufen, ich, um ein paar Aufnahmen zu machen. Als wir wieder einstiegen, ohne auf den Pfiff zu warten, der die Abfahrt ankündigen sollte, hatte Margaret heiße, in große Blätter eingewickelte Pfannkuchen in der Hand.

«Schau, was ich gekauft habe. Nimm dir auch einen!» rief sie voller Freude. Sie aß und lachte vergnügt vor sich hin. Auch ich kostete einen Pfannkuchen und fand ihn sehr gut, süß und wohlschmeckend. Dann begannen wir zu diskutieren, was für Samen wohl unter das Maismehl gemischt worden waren. Ich behauptete, es müsse sich um so etwas wie Fenchel handeln. Margaret hingegen versicherte, es sei eine einheimische Pflanze, an deren Namen sie sich nicht mehr erinnern könne. Der freundliche Kellner mit dem dunklen Gesicht konnte uns auch nicht helfen, aber immerhin versuchte auch er einen Pfannkuchen und bot uns daraufhin Tee an.

Während wir das typisch englische Gebräu schlürften, das Margaret übrigens als scheußlich bezeichnete, fuhr der Zug talwärts Puno entgegen. Die Tagereise neigte sich ihrem Ende zu. Das schönste und wenigstens von mir am sehnlichsten erwartete Erlebnis stand uns aber noch bevor: der Anblick des Titicacasees. Dieses sagenumwobene «Meer» auf 3800 m war eigentlich der Hauptgrund meiner ersten Südamerikareise.

«Ich habe irgendwo gelesen, man könne ihn schon kurz nach Juliaca sehen», sagte Margaret, die inzwischen den Gegenstand meiner Träume entdeckt hatte. Juliaca ist sozusagen der Knotenpunkt der Südbahn. Dort zweigt die Linie nach Arequipa und der Küstenstadt Mollendo ab.

Nach guten zehn Minuten fuhren wir in den Bahnhof ein. Auch hier belagerten unzählige Indios die Gleise. Sie warteten auf den Zug in der Gegenrichtung. Ein paar Indiojungen mit Zeitungsbündeln unter den Armen enterten die Wagen unseres Zuges. Es waren lokale Tageszeitungen, die am Nachmittag in Puno gedruckt worden waren. Sie berichteten auch über Ereignisse im Ausland, die allerdings schon ein paar Tage zurücklagen. Ich kaufte mir zwei Zeitungen, um zu erfahren, ob in den letzten paar Tagen in meinem Heimatland Italien etwas Wichtiges passiert wäre. Beide Blätter brachten nur eine einzige Nachricht über Italien, und dies war eine Sportmeldung. Valentin Angelillo, der berühmte argentinische Fußballstar, der in seinen besten Jahren für Inter Mailand gespielt, dann aber als Spieler und Trainer nicht mehr so viel Erfolg gehabt hatte, unterzeichnete einen Vertrag als Trainer mit einer Mannschaft der italienischen C-Serie. Dies war eine Meldung, die in den größeren italienischen Tageszeitungen wohl kaum erwähnt worden war. Hier aber erschien sie in der Lokalzeitung einer kleinen, abgelegenen Stadt auf dem andinen Altiplano. Ein Beweis für die Anziehungskraft von König Fußball, der hier nicht nur einzelne Länder, sondern den ganzen Halbkontinent in seinen Bann zieht. Die Fußballwelt verfolgt die Karriere eines ihrer geliebten, umjubelten und umworbenen Stars auch noch lange nach ihrem Höhepunkt mit regem Interesse.

Ausgiebig pfeifend fuhr der aus Puno kommende Zug in die Station ein, gezogen von einer starken, grün gestrichenen Lokomotive mit der Aufschrift «Ferrocarril del Sur». Während der Zug langsam ausrollte, konnte ich etwas feststellen, was mir bei unserem Zug nicht möglich gewesen war. An jedem Fenster drängten sich Indios, Frauen, ein paar Männer und viele, viele Kinder, alle in der so typischen Andentracht. Jedes Fenster bot ein anmutiges Familienporträt.

Kaum hatte sich unser Zug wieder in Bewegung gesetzt, stellte ich mich ans Fenster und spähte in die Richtung, in der ich den See vermutete. Aber ich sah nichts als grüne Hügel, monoton, immer gleichbleibend. Dann begannen sich, kaum wahrnehmbar vor dem Pastellblau des Himmels, weiße Berge am Horizont abzuzeichnen. Nur ihre Gipfel waren zu erkennen, ihr Fuß verlor sich im fernen Dunst. Es schien, als ob sie am Himmel hingen. Es war die Cordillera Real, in Bolivien, unweit von La Paz. Die höchste Spitze war vermutlich der Illimani, vielleicht auch der Illampu. Heftige Gefühle überwältigten mich, denn in jenen Bergen hatte vor ein paar Jahren ein Freund den Tod gefunden: der bergamaskische Bergsteiger Carlo Nembrini. Er hatte einige der bedeutendsten Gipfel der Cordillera Blanca bezwungen. Er war ein Weltenbummler, und manchmal versuchte er, die sterblichen Überreste verunfallter Bergsteiger aus dem ewigen Firn der Kordillere zu bergen. Auch damals war er im Begriff, die Leiche eines französischen Bergsteigers aus einer Wand des Illampu zu holen, als ihn auf sehr unglückliche Weise sein Schicksal ereilte.

Angestrengt blickte ich in die Ferne, aber es gelang mir nicht, jenen blau schimmernden Strich auszumachen, der den See bedeutet hätte. Aber wenige hundert Meter von der Eisenbahnlinie entfernt entdeckte ich Schilf. Wir mußten uns also schon in ziemlicher Nähe befinden. Die ganze Umwelt ließ auf das Vorhandensein eines unendlich großen Sumpfes schließen; aber Wasser war keines da.

Wir näherten uns Puno. Der Zug eilte in weiten Kurven talwärts, und manchmal war das Röhricht zum Greifen nah. Manchmal tauchten auch Wasserflächen auf, die sich aber immer wieder im dichten Schilf verloren.

«Schau, schau!» rief Margaret; sie stand an einem Fenster etwas weiter vorn im Wagen und war ganz aufgeregt. In einer kleinen Bucht, die sich im Schilf öffnete, lagen ein paar *caballitos de totora,* einige der auf dem Titicacasee so typischen, aus Binsen geflochtenen Boote. Sie allein verrieten, daß der große See in der Nähe lag. Und in der Tat, nur wenige Minuten später fuhr der Zug in die Station ein. Die Enttäuschung war groß. Aber während wir zum Hotel gingen, meinte Margaret, ich könnte den See ja am folgenden Tag ausgiebig bewundern. Ich müßte allerdings mindestens einen Tag lang in Puno bleiben und meine Abreise nach Arequipa hinausschieben.

Das Mädchen hatte beschlossen, die Nacht in einem Hotel zu verbringen und nicht wieder das Risiko einzugehen, schlaflos in einem Wartsaal zu nächtigen. Ich hatte schon von Cuzco aus telefonisch ein Zimmer bestellt, und wir beschlossen, im gleichen Hotel zu fragen, ob auch für sie noch ein Zimmer frei wäre. Wir hatten Glück, und sie wurde in einer Dependance einquartiert, weil das Hotel Puno vollständig von einer amerikanischen Reisegesellschaft in Beschlag genommen worden war. Ich selbst mußte mich mit einem kleinen Zimmer ohne jeglichen Komfort im obersten Stock zufriedengeben. Das Gebäude war sehr hoch, und vom Fenster aus erhoffte ich über die Dächer der Stadt hinweg wenigstens einen Blick auf den See zu erhaschen. Doch es war schon dunkel. Nur die ferne, prachtvolle Silhouette der Cordillera Real wurde noch von den letzten Strahlen der untergehenden Sonne erleuchtet.

Das Abendessen nahm ich gemeinsam mit Margaret im Hotelrestaurant ein, und unser Gesprächsthema war erneut der See. Auch sie war etwas enttäuscht. Auch sie hatte erwartet, vor einem riesigen, meerähnlichen See zu stehen. Was wir zu sehen bekommen hatten, war aber nur ein Meer von Binsen. Wir aßen eine Art Suppe mit viel Gemüse, Seekrebse und Hammelbraten. Nachher suchten wir schon früh unsere Zimmer auf, denn ich hatte beschlossen, meine Abreise um einen Tag zu verschieben und mit Margaret ein Dorf der Aymará zu besuchen. Sie würde dann von dort aus mit dem Tragflügelboot nach Copacabana an der bolivianischen Grenze fahren und per Zug nach La Paz weiterreisen. Ich selbst würde nach Puno zurückkeh-

ren und am folgenden Tag nach Arequipa, meinem zweiten Traumziel nach dem großen See, aufbrechen.

Der nächste Tag war trunken von Licht, Blau und leuchtenden Farben. Nun verstand ich, warum wir den See am Tag zuvor nicht gesehen hatten. Wie alle Seen ist auch der Titicacasee von einem gewaltigen, mehrere Kilometer breiten Binsengürtel umgeben, ohne den kein See leben könnte.

Die Aymará leben auf schwimmenden Inseln aus künstlich hergestellten Schilfpolstern. Sie fahren aus Binsen geflochtene Boote mit Segeln aus Schilffasern. Ihre Häuser, Werkzeuge, Haushaltgeräte und Betten sind ebenfalls aus Schilf. Die Ayamará sind heitere, fröhliche Menschen mit festem Charakter, die in ewiger Unruhe leben. Alles bewegt sich, schaukelt, wellt und erfordert einen stets aufmerksamen Gleichgewichtssinn. Vielleicht besitzen diese Nachfahren der Uru deshalb ein so ausgeprägtes inneres Gleichgewicht.

Auf einer der schwimmenden Inseln gibt es sogar ein Fußballfeld, das auch ununterbrochen schwankt. Wenn sich ein paar Jungen um den Ball zusammenscharen, senkt sich das kleine Spielfeld plötzlich an dieser Stelle um zwanzig oder dreißig Zentimeter. Dieses Fußballfeld ist das einzige moderne Element in einer alten Welt, die sich auch im 20. Jahrhundert nur sehr wenig verändert hat. Das Volk der Aymará überliefert die uralte Zivilisation der Uru, die in weiter Vergangenheit das Gebiet zwischen den Megalithruinen von Tiahuanaco und dem Pazifischen Ozean besiedelt hatten. Möglicherweise sind sie sogar deren direkte Nachfahren. Hier am Titicacasee wurde der große Schöpfergott Viracocha geboren, und von hier aus brachte er den Andenvölkern Weisheit und Wissen. Der Gott und seine Jünger zeigten den Indianern, wie man den Boden bepflanzt, wie man durch Anlegen von Terrassen entlang der steilen Berghänge neues Kulturland gewinnt, wie man bewässert, Häuser aus Stein baut und in Gemeinschaften lebt, die auf Ruhe und Ordnung aufgebaut sind. Geschichte und Legende sind wie in jeder andern Religion ineinander verwoben: Viracocha und seine beiden Lieblingsjünger machten sich vom Titicacasee aus in drei verschiedene Richtungen auf den Weg. Der eine folgte der Bergkette im Nordosten des Sees, der andere zog in Richtung Süden ans Meer. Viracocha selbst wählte die goldene Mitte und brach nach Nordwesten in Richtung Cuzco auf. Wie sich die Religionen doch gleichen! Wie viele ähnliche Bezüge finden sich doch in den Wiegen der verschiedenen Zivilisationen. Auch die Schilfboote der Aymará haben einige Gemeinsamkeiten mit den Papyrusbooten der alten Ägypter. Ob es zwischen diesen beiden Sonnenvölkern eine Verbindung gegeben hat? Thor Heyerdahl hat dank seinen Fahrten auf dem Floß Ra zumindest bewiesen, daß diese Theorie nicht völlig absurd ist.

Selbst wenn der moderne Tourismus ganze Herden von organisierten Gruppenreisenden zu diesen schwimmenden Inseln bringt, wissen die Aymará ihre Tradition doch recht gut zu behüten. Die Insel, auf der die Touristenboote landen, wurde eigens dazu angelegt, die Neugier der Ausflügler zu befriedigen und die andern Inseln vor deren Aufdringlichkeit zu schützen. Auch für diesen Indiostamm tut eine gewisse Abgeschiedenheit not.

Margaret gelang es, einen Bootsführer zu überreden, uns etwas weiter ins Dorf hinein zu fahren. Daß wir nur zu zweit waren und ihm ein paar kleinere Geldscheine in die Hand drückten, mochten weitere Argumente gewesen sein. Er brachte uns zur größten Insel, wo wir zunächst nicht besonders freundlich empfangen wurden. Dann aber lud uns eine Familie in ihre Hütte aus Binsenmatten zum Mittagessen ein. Es gab geräucherte Karpfen, gewürzt mit allerlei sehr pikanten Saucen, und dazu das übliche Chica. Nach der Mahlzeit fuhren die Männer wieder zum Fischfang aus, während die Frauen ihrer gewohnten Tätigkeit nachgingen: sie räucherten die erbeuteten Fische. Die Aymará-Frauen, die viel bunter gekleidet waren als die andern Indianerinnen, sammelten zuerst an der Sonne getrocknete Schilfwurzeln zu kleinen Bündeln auf, die sie dann leicht befeuchteten. Anschließend entfachten sie Feuer. Sobald die Flammen emporzüngelten, spritzen sie Wasser drauf. Dieser ganze Vorgang war recht gefährlich, bestand doch die Unterlage auch nur aus Schilf. Aber die Frauen waren sehr geschickt. Wenn der Rauch dicht genug war, legten sie aus feinsten Binsen geflochtene Teller mit je zwei Fischen sorgfältig auf die Wurzelbündel.

Die Sonne stand noch hoch am Himmel, als wir zur Touristeninsel zurückkehren mußten. Hier nahm Margaret ein Boot, das sie nach Copacabana bringen sollte, während ich nach Puno zurückkehrte. Wir nahmen Abschied voneinander, tauschten Adressen aus und versprachen uns gegenseitig, uns eines Tages in Europa wieder zu treffen, um unsere Reiseabenteuer auszutauschen. Ein Versprechen, das bis heute nicht eingelöst worden ist.

Die Stadt, wo ewiger Frühling herrscht

Am folgenden Morgen saß ich wieder im Zug; diesmal hieß das Ziel Arequipa. Der Speisewagen war der gleiche wie schon zwei Tage zuvor. Der Kellner aber war ein Indio. Es berührte mich noch seltsamer, einen Andenbewohner mit seiner rötlichen Hautfarbe im klassischen Kellnerkostüm eines europäischen Zweit- oder Drittklaßrestaurants zu sehen. Die weiße Jacke schlotterte an allen Ecken und Enden; der

Schritt der Hose hing ungefähr auf Kniehöhe, und der Kragen mit schwärzlichem Rand war gut und gern ein paar Nummern zu groß.

«Und was gibt es heute Gutes zu essen?» fragte ich den Kellner unternehmungslustig und klopfte ihm dabei auf die Schulter. Gestern hatte ich eines der Ziele meiner Südamerikareise erreicht, und heute sollte ein anderes folgen: Arequipa, die spanische Kolonialstadt, wo – wie man mir gesagt hat – ewiger Frühling herrscht.

Die Speisekarte unterschied sich nicht von derjenigen, die mir schon der schwarze Kellner angeboten hatte. Deshalb entschloß ich mich wieder zu Spiegeleiern.

Nachdem der Zug Juliaca verlassen hatte, ging es bergauf durch eine sehr dürre Landschaft. Das Wetter hatte sich seit dem Vortag verschlechtert. Ein kräftiger Wind wehte und jagte tiefhängende Wolken hinter dem Zug her. Die Fenster mußten oben bleiben, damit der vom Wind hochgewirbelte Sand nicht in den Waggon eindringen konnte. Zwischendurch riß der Himmel wieder auf, und die Sonne tauchte die roten Samtsitze in flammendes Licht. Dann aber wurde es wieder düster, und dieses ständige Wechselspiel versetzte mich in eine seltsame Erregung. Auch die Natur trug ihr Teil dazu bei: wir fuhren jetzt zwischen Bergen hindurch, die gewaltigen Felswolken glichen. Die Farbe wechselte von Grau zu Schwarz, durchzogen von rostroten Adern. Pflanzen gab es keine mehr. Von Zeit zu Zeit überquerte der Schienenstrang fürchterliche Schluchten, deren Tiefe nicht abzuschätzen war. Meine rund zehn Mitreisenden kümmerten sich aber nicht um das, was sich draußen abspielte. Die einen lasen, die andern schliefen. Ich hingegen eilte von Fenster zu Fenster, um mir nichts entgehen zu lassen.

Immer noch ging es weiter und weiter hinauf. Und dann waren wir unvermittelt in einer ganz anderen Landschaft, und auch der Sturm ließ nach. Ich ließ meinen Blick über weite

Geröllfelder schweifen, die grünlich schimmerten. Es war nicht Gras, sondern etwas, das wie Moos aussah. In der Ferne waren auch Siedlungen zu erkennen. Der Himmel war wieder blau, aber nicht mehr so intensiv wie am Tag zuvor bei meiner Schiffahrt auf dem Titicacasee.

Um die Mittagszeit erreichten wir dann endlich Crucero Alto. Ein Schild gab bekannt: «4690 m ü.M. Höchster Punkt der Eisenbahnlinie Puno–Arequipa.» Ehrlich gesagt, war meine Aufregung größer als in La Raya. Wir waren auch noch ein paar hundert Meter höher. Und dann war Margaret nicht mehr da, sie, die mir mit ihrer Ruhe, ihrer englischen Gelassenheit so viel Sicherheit gegeben hatte.

Ein kleiner Indiojunge in einem um viele Nummern zu großen Poncho bestieg unsern Wagen. Er bot mir ein heißes Getränk an und erregte damit den Zorn des Kellners. Ich gab ihm ein paar Soles und trank ein wenig. Es war eine Art Tee, wahrscheinlich ein Sud aus einheimischen Pflanzen. Einer meiner Mitreisenden trank ebenfalls, und bevor ich den nächsten Schluck nahm, fragte ich ihn, was das denn wäre. Er erklärte mir, dieses Getränk wirke ausgezeichnet gegen Reisemüdigkeit und Höhenangst. Dann zeigte er mir einen kleinen Peru-Reiseführer und öffnete ihn auf jener Seite, auf der die Strecke Arequipa–Puno «por la carretera» (auf dem Straßenweg) beschrieben war. Das Buch riet, die Reise per Zug zurückzulegen, da die Fahrt im Auto eine außerordentlich hohe körperliche Widerstandsfähigkeit verlange und der Fahrer unter keinen Umständen unter Bergkrankheit leiden dürfe. «Aber auch im Zug ist die Reise kein Zuckerlecken», fügte mein Gesprächspartner hinzu. «Die Temperatur- und Klimaunterschiede führen zu ungeheuren Spannungen. Und dieser Staub, der in den Wagen eindringt, läßt einen beinahe ersticken. Fahren Sie sich nur einmal mit der Hand über die Haare.»

Ich tat, wie er mich geheißen hatte, und meine Hand war von einer schmierigen Masse bedeckt.

«Von jetzt an wird es besser. Sie werden sehen, in Arequipa wird das Klima ganz anders sein. Und jetzt geht es auch wieder bergab. Bald werden Sie in der Ferne den mächtigen Vulkan El Misti sehen, an dessen Fuß die Stadt liegt. Es wird aber noch lang dauern, bis wir dort ankommen, denn der Zug muß den Berg sozusagen umfahren.»

Der imposante Kegel tauchte kurz nach der Abfahrt von Abra de Tiroya im Westen am Horizont auf. Der Vulkan ist 5835 m hoch, aber wir schienen noch viel höher oben zu sein.

In unzähligen Kurven eilte der Zug nun talwärts, zwischen graufarbenen Sanddünen hindurch. Langsam näherten wir uns dem schönen, regelmäßig geformten Bergkegel mit seiner weißen Kappe. Ich fragte den Mann, mit dem ich vorher gesprochen hatte, ob El Misti noch aktiv sei. Er antwortete, er produziere nur noch Dampf und manchmal trage er eine weiße Wolkenhaube. Der Misti ist aber nicht der einzige Vulkan der Region. Das Gebiet um Arequipa gehört zu den interessantesten, aber auch zu den gefährlichsten in ganz Südamerika. Die Stadt wurde mehrmals zerstört. Besonders schrecklich war das Erdbeben von 1868 gewesen.

Inzwischen war der Zug bis auf ein paar Kilometer an den Fuß des gewaltigen Kegels herangekommen, den ich nun in seiner ganzen Mächtigkeit erfassen konnte. Dann bog er nach Norden ab, um den weiten Bogen in Angriff zu nehmen.

«Arequipa liegt genau auf der andern Seite. Noch eine Stunde Fahrzeit», informierte mich mein Gegenüber. Nun zeigte die Landschaft viel mehr Grün, und überall sah ich vereinzelte Bauernhöfe. Endlich waren wir wieder zum Leben zurückgekehrt. Lamas weideten in klei-

nen Gruppen, aber da gab es auch Kuh- und Schafherden und Ziegen. Und immer wieder winkten die Indios entlang dem Schienenstrang dem Zug zu.

Das Grün der Weiden zog sich bis auf eine gewisse Höhe an die Vulkanhänge hinauf, darüber herrschte das Grau und Schwarz des Lavagesteins vor. Und ganz zuoberst lag Schnee. El Misti glich stark dem Fudschijama.

Und dann sah ich auf die Stadt hinunter; die weißen Gebäude der Außenquartiere verloren sich in der Ferne im Dunst, unter dem man das Meer vermuten konnte. Die herrlich grünen Ebenen rund um die Stadt ergaben einen wundervollen Kontrast zum Weiß der Häuser. Unsern Schienenweg säumten nun Palmen, die kaum ein Wind bewegte. Es war nicht das erste Mal, daß ich Palmen und ewigen Schnee so nah beieinander sah. Das gleiche Bild hatte sich mir schon ein paar Tage zuvor gezeigt, in Yungaj, der Stadt am Río Santa, am Fuße der Gletscher des Huascarán. Yungaj war ein erstaunliches und sehr reiches Dorf; fast all seine Einwohner waren Goldschmiede. Es wurde aber am 2. Mai 1970 vollständig zerstört. Ein Erdbeben, das im Tal des Río Santa über fünfzigtausend Menschen das Leben kostete, löste einen enormen Eissturz an den Hängen des Huascarán aus. Die Massen donnerten zu Tal und brachten einen kleinen See zum Überlaufen. Die Flutwelle riß alle Häuser und ihre 7000 Bewohner mit. Nur sechs oder sieben Palmen, die den Platz vor der Kirche geschmückt hatten, blieben stehen. Als ich nach Yungaj kam, bildeten sie den einzigen Schmuck eines riesigen Friedhofs.

Nun waren praktisch alle Fenster offen. Eine milde, trockene Brise wehte herein. Die alptraumhaften Höhen lagen hinter uns. Wir waren auf ungefähr 2360 m heruntergekommen. Ich machte eine dementsprechende Bemerkung, und mein Gesprächspartner erwiderte: «Hier ist das Klima so trocken, daß die

Elektrizität in der Luft außerordentlich hoch ist. Wenn Sie ein paar Schritte auf Gummisohlen gehen und dann Metall berühren, erhalten Sie einen ordentlichen Schlag.»

Auf Anraten meines Taxichauffeurs ließ ich mich zum besten Hotel der Stadt fahren. Es lag im obersten Viertel, dicht am Fuß des großen Kegels. Am folgenden Morgen war es schon ziemlich spät, als ich im Garten des Hotels frühstückte: Brot, Butter, Kirschenmarmelade, dazu Ananassaft. Über mir wiegten sich die Palmwedel in der leisen Brise. Rundherum blühten Bougainvilleas. An der Reception kaufte ich einen Führer durch Arequipa und brach dann auf, um das historische Zentrum der Stadt zu erkunden. Meinem Führer entnahm ich, daß die Altstadt aus weißem Tuffstein erbaut worden war, der leicht zu bearbeiten und sehr schön ist. Ich besichtigte die Kathedrale, die alte Jesuitenkirche mit dem Kreuzgang und das Kloster San Agustín. Danach suchte ich das Kloster Santa Catalina auf, eine kleine Stadt innerhalb der Stadt. Die Fassaden der Gebäude sind weiß. Im Innern der Klausur hat aber jede Straße ihre eigene Farbe, mal sanft, mal grell: Kobaltblau, Ockergelb, Gelb, Purpurrot. Die Wirkung war verblüffend, denn das intensive Licht der Sonne verstärkte die Farben ins Unvorstellbare. Aus der blendenden Helligkeit trat man in tiefsten Schatten. Dazwischen gab es nichts. Ich wanderte kreuz und quer durch die Gebäude des Klosters, das jetzt nur noch Touristenattraktion ist. Auch die einzelnen Räume der Klausur waren rundherum mit Fresken in sehr lebendigen Farben ausgeschmückt: Ocker und Violett, Blau und Orange. Die Klostergärten standen in voller Blüte, und die Orangen- und Zitronenbäume bogen sich unter der Last ihrer Früchte. Diese Klosterzellen machten einen freundlichen Eindruck; sie waren ganz anders als die italienischen, strengen und melancholischen. Es war bestimmt keine schwere Buße, ein Leben lang in diesem Paradies zu verbringen, wo die Natur ihre ganze Pracht entfaltete und die Gebäude so viel Wärme ausstrahlten. Die Klostermauern schienen unbezwingbar, aber die lokalen Führer, welche den Touristen die Zitadelle zeigten, machten sie auf einen unterirdischen Gang aufmerksam, durch den die Nonnen möglicherweise jederzeit Besuch erhalten konnten.

Danach besuchte ich das benachbarte Kloster San Francisco. Den Klosterplatz bildete ein herrlicher englischer Rasen, auf dem die von den Bäumen herabflatternden blau-violetten Blütenblätter einen wunderbaren Kontrast ergaben. Im Stadtzentrum waren die meisten Passanten Kreolen. Die Indios wohnten eher in Außenquartieren im untern Teil der Stadt. Hier sah es anders aus. Keine weißen Häuser mehr, sondern Baracken, aber farbenfroh, wie die Straßen von Santa Catalina. Auch die Randviertel von Arequipa sind viel fröhlicher und lebhafter als die Slums von Lima und Cuzco.

Langsam stieg ich wieder die Straßen zur Oberstadt empor. Hie und da warf ich einen Blick in die Innenhöfe. Der Stil erinnerte etwas an Spanien, und doch war er verschieden: ein wenig nüchterner, nicht so reich an Verzierungen. Der Führer bezeichnete dies als «Arequipa-Stil». Insbesondere die Gärten waren prächtig, voll von tropischen Pflanzen und Orangen- und Zitronenbäumen. Ich ging und ging, aber ich verspürte keine Müdigkeit. Auch hatte ich weder Hunger noch Durst. Ich hatte weder kalt noch heiß. Ein wirklich wundervolles Klima.

Was gab es in der näheren Umgebung der Stadt zu sehen? Mein wertvoller Führer überließ die Wahl mir. Am meisten interessierte mich der Cañon del Majes, der als «tiefster Canyon von ganz Amerika» beschrieben wurde. Allerdings konnte man ihn nur per Flugzeug besichtigen. Der Hotelportier half mir bei der Organisation meines Ausflugs, und am nächsten Morgen machte ich mich schon früh auf den Weg zum

Flugplatz. Die Maschine, ein kleines, vierplätziges Flugzeug, nahm Kurs nach Westen, und nach einer Viertelstunde befanden wir uns bereits über dem Eingang zu einem ungeheuren Talkessel. Der Cañon del Majes liegt ungefähr 100 km westlich von Arequipa. Mit seinen 3000 m ist er doppelt so tief wie der Grand Canyon des Colorado und in der Tat der tiefste auf dem ganzen amerikanischen Kontinent. Er wird von zwei erloschenen Riesenvulkanen flankiert, vom Coropuna (6425 m) im Westen, vom Ampato (6310 m) im Osten. Seine Entstehung verdankt er einem mächtigen Fluß, dem Majes, der früher Colca geheißen hatte. Der Cañon ist rund siebzig Kilometer lang.

Unser kleines, schwankendes Flugzeug entfernte sich immer weiter vom großartigen Kegel des El Misti. Es näherte sich indessen zwei fernen, schneebedeckten Bergen, zwischen denen sich der Canyon befinden mußte.

Dichter Nebel über der Küste machte meine Hoffnung zunichte, im Westen einen Blick auf das Meer zu erhaschen. Gegen die Berge hin war die Sicht aber kristallklar. Und dann waren wir plötzlich über dem Cañon: ein pechschwarzes Loch inmitten der sonnenüberfluteten Landschaft, eine klaffende Wunde, die ein mächtiger Fluß im Quartär ins Lavagestein gerissen hatte. Der Pilot überflog zuerst in einer weiten Volte die beiden erloschenen Vulkane.

Was von weitem wie Schneefelder ausgesehen hatte, waren in Wahrheit gewaltige Gletscher, Hängegletscher, wie überall in den Anden.

In einer weiten Kurve verlor das Flugzeug an Höhe und näherte sich dicht über der Erde der Mündung des schwarzen Schlundes. Plötzlich waren wir im Schatten. Wir befanden uns zwischen senkrechten, fast spiegelglatten, grauen Felswänden. Das Echo steigerte den Motorlärm ins Unerträgliche. Vor uns schienen die Wände zusammenzutreten, doch der Cañon änderte nur seine Richtung, und wir drangen immer weiter in die enger und enger werdende Schlucht ein. «Bald sind wir am Mittelpunkt der Erde», meinte anerkennend einer meiner beiden Mitpassagiere. Dann endlich zog der Pilot die Maschine wieder empor, und den restlichen Weg bis zum Ende des Cañons begleitete wieder strahlender Sonnenschein.

Auf dem Rückflug steuerte der Pilot den Misti an. Er überflog ihn sehr knapp, um uns die kleine Fumarole zu zeigen, die sich praktisch im Zentrum des Kraters befand.

Am folgenden Tag war ich schon wieder am Flugplatz. Nun nahm ich aber endgültig von Arequipa Abschied. Ich nahm das Flugzeug nach Cuzco. Noch stand mir eine weite Eisenbahnreise bevor, die mich nach Machu Picchu führen sollte.

161–163 Im Hafen von Arica warten die Pelikane auf die Ankunft der Fischerboote. Die Fische werden unmittelbar nach dem Ausladen geputzt, und die Vögel balgen sich am Ufer scharenweise um die Abfälle. Arica, die nördlichste Stadt des langgezogenen Landes Chile, liegt 2115 km von Santiago entfernt an der Grenze zu Peru. Es ist eine herrliche Oase inmitten einer öden Wüstenlandschaft. Wegen ihres milden Klimas ohne nennenswerte Temperaturschwankungen wird sie auch «Stadt des ewigen Frühlings» genannt. Die Stadt ist sehr modern, doch blühte sie schon im 16. Jahrhundert, weil hier das Silber aus den Erzgruben von Potosí verschifft wurde.

164 Arica. Tausende von Möwen kreisen, unwiderstehlich vom Geruch angelockt, über den Fabriken, in welchen der Fisch zu Konserven verarbeitet wird. Aber hier wird nichts weggeworfen; aus den Abfällen wird Dünger hergestellt und exportiert.

165 Ein alter Waggon erster Klasse der Linie Arica–La Paz. Am Fenster steht der Fotograf dieses Buches.

«Nach einer Wartezeit von zwei Tagen begebe ich mich zum Billettschalter, um meine Reise für morgen Mittwoch zu bestätigen. Die notwendige Auskunft erhalte ich unverzüglich, denn vor dem Wartsaal steht eine Tafel: 'Der Zug nach La Paz fährt heute nicht; nächste Abfahrt Freitag.' Es bleibt mir nichts anderes übrig, als für Freitag zu reservieren und zwei weitere Tage in Arica abzuwarten. Es gibt zwei Züge, die nach Bolivien verkehren: der 'Autotren', der jede Woche am Mittwoch um 9 Uhr abfährt. Er hat vierzig Plätze und erreicht La Paz um 18.25 Uhr des gleichen Tages. Diese Fahrt wurde nun annulliert, da die Strecke sich in mißlichem Zustand befindet und die Fahrt unsicher ist. So lautet die offizielle Version. Was übrigbleibt, ist der Zug mit Wagen erster und zweiter Klasse, der alle vierzehn Tage verkehrt, am zweiten und am vierten Freitag des Monats.»

Aus dem Tagebuch von Enzo Pifferi

166/167 Arica. Im Park neben dem Bahnhof steht eine gut erhaltene Dampflokomotive der FCALP (Ferrocarril Arica–La Paz).

168 Arica. San Marcos wurde 1868 auf den Ruinen einer älteren Kirche erbaut, die im Jahr 1640 von einer gewaltigen Überschwemmung weggerissen worden war. Alexandre Gustave Eiffel, der Erbauer des Eiffelturms, gestaltete das Werk als Eisenkonstruktion, deren Einzelteile in England angefertigt und auf dem Seeweg nach Chile gebracht wurden.

169 «Abfahrt nach La Paz. Es ist sehr heiß. Man hat mir gesagt, hier an der Küste regne es nie; und in der Tat kann sich niemand daran erinnern, Wasser aus den Wolken fallen gesehen zu haben. Kaum bin ich in den 'direkten' (wie man so sagt) internationalen Zug nach Bolivien eingestiegen, werden merkwürdigerweise Decken verteilt. Die Leute streiten sich förmlich darum. Etwas widerstrebend kümmere auch ich mich um eine Decke, aber die Angelegenheit macht mich doch neugierig. Ich sitze auf der Holzbank des hintersten Waggons, in der ersten Klasse, aber er unterscheidet sich in nichts von den Wagen zweiter Klasse ... außer vielleicht im Fahrpreis. Gegenüber hat sich eine bolivianische Familie mit sechs Kindern so gut wie möglich auf dem engen Raum eingerichtet; zwischen den Bänken türmen sich Waren auf. Rund um den Zug herrscht hektisches Treiben; jemand klammert sich außen am Zug fest und versucht durch das Fenster einzusteigen, um sich so dem Gedränge zu entziehen; doch wird er von den bereits im Zug befindlichen Reisenden mit Fäusten und Schimpfworten abgewehrt. Es handelt sich mehr um eine übliche Unart als um eine Notwendigkeit, denn die Plätze sind reserviert und numeriert. Dutzende von Paketen und Taschen wandern von Hand zu Hand und sausen einem – sozusagen auf dem Luftweg – knapp über den Kopf hinweg. Man kann sich nicht bewegen, aber wirklich unerträglich ist die Bruthitze. Es sind noch andere Ausländer im Zug: ein Amerikaner, nicht mehr der Jüngste, auf der Suche nach Eisenbahnabenteuern, und ein Ungar, der bei der Revolution 1956 Budapest verlassen hatte und jetzt in Australien lebt und acht Sprachen, unter anderem auch Italienisch, spricht, und zwar sehr gut.

12 Uhr 20, wir fahren ab. Eigentlich hätten wir Arica um 11.00 Uhr verlassen sollen. Die Strecke führt zunächst durch eine flache Wüste, parallel zur Küste; dann folgt eine weite, deutliche Kurve auf die Anden zu, und ich lasse zum x-ten Male das Meer und die Nullmetermarke hinter mir zurück.»

Aus dem Tagebuch von Enzo Pifferi

Unmittelbar hinter Arica wendet sich die Eisenbahn den Anden zu. Die Gegend ist vollkommen einsam und verlassen. Von Interesse ist allerdings das Tal des Río Lluta, der als Grundwasserstrom fließt und eine reiche Vegetation ermöglicht.

170/171 Die Gegend gleicht einer Mondlandschaft, genauso wie die Küstenregion, wo es nie regnet. Die Wüste dehnt sich über Hunderte von Kilometern aus, durchfurcht von den Betten ausgetrockneter Gebirgsflüsse. Beim Bau der Eisenbahnlinie waren riesige Mengen von Dynamit erforderlich, um das Gleis aus dem massiven Fels herauszusprengen.

172 Der Zug fährt an einem Felssporn vorbei, auf dem ein Kreuz mit einem Zahnrad steht. Hier wurde einer der vielen Arbeiter begraben, die beim Bau der Zahnradstrecke ums Leben kamen. Entlang der Linie entdeckt man hier und dort weitere Kreuze; sie wurden für unbekannte Indios errichtet, die an der Stelle begraben wurden, wo man sie tot aufgefunden hatte.

173 Der Zug Arica–La Paz überquert die Anden auf einer Höhe von 4257 m ohne Scheiteltunnel.

174 Ein Abschnitt der Strecke Arica–La Paz mit einer Steigung von beinahe 6%. Zwischen den Schienen erkennt man deutlich die Zahnstange, die heute kaum mehr gebraucht wird, da ihr Unterhalt sehr viel Aufwand erfordert. Jetzt werden einfach drei Diesellokomotiven angekuppelt, zwei vorn, eine hinten.

175 Vom Zug aus bietet sich ein herrlicher Ausblick auf die Kordillere.

176 Das Tacora-Massiv mit seinem 5950 m hohen Vulkangipfel, der immer eine weiße Krone trägt. Er gehört zu einer ganzen Reihe von erloschenen Vulkanen und liegt auf der Grenze zwischen Chile und Peru, nicht weit abseits der Eisenbahnstrecke Arica–La Paz.

177 Unterwegs zwischen Arica und La Paz erkennt man in nicht allzu großer Ferne die Payachatas-Berge, die mit einer Höhe von rund 6300 m die tieferliegenden Täler und Ebenen überragen.

178 Der Zug hält auf der andinen Hochebene bei der Station General Lagos, auf 4257 m, dem höchsten Punkt der Eisenbahnlinie Arica–La Paz. Im Hintergrund der Vulkan Tacora.

179 Ein paar Soldaten der Garnison von Alcerreca, einem Ort unweit der Grenze zu Bolivien. Die Aufnahme entstand verbotenerweise durch ein Zugfenster.

«Alcerreca. Zeit: 19 Uhr 40. Höhe: 3917 m. Es ist spürbar kälter geworden. Einige Reisende ziehen sich wärmere Kleider über, andere hüllen sich in die Decken, die bei der Abfahrt verteilt worden sind.

Der Zug verlangsamt seine Fahrt. In der Nähe stehen ein paar Häuser, Kasernen aus Lehm und Stroh.

Von einer zinnengekrönten Mauer aus, die an mittelalterliche Burgen erinnert, beobachten ein paar Soldaten den vorbeifahrenden Zug. Er bildet in dieser Wüstenei die einzige Abwechslung.

Wir halten auf einer Hochebene an; auf der einen Seite ragen die beiden Vulkane Payachatas empor, deren verschneite Gipfel (6300 m) in rosarotem Glanz schimmern; auf der gegenüberliegenden Seite präsentiert sich das gewaltige Massiv des Vulkans Tacora. ‹Militärzone – 50 km vor der bolivianischen Grenze›, klärt uns ein Schild auf; in der Nähe weht an einem Fahnenmast die chilenische Flagge.

Vom Fenster aus ruft mir der Australier zu, drei Soldaten beschlagnahmten Filme von Leuten, die Aufnahmen gemacht hätten. Glücklicherweise bin ich ausgestiegen, um mich etwas umzusehen, und habe meine Apparate in der Tasche zurückgelassen.

In dieser Zone ist das Fotografieren strengstens untersagt. Ich sehe mich gezwungen, auf die gleichen Tricks zurückzugreifen, die mir in Rußland gute Dienste geleistet hatten: ich bediene mich eines Drahtauslösers und schieße die Aufnahmen mit beiden Händen in den Taschen.

Die andere Leica hängt am Türgriff des hintersten Wagens und macht mit Hilfe des Selbstauslösers und des automatischen Filmtransports ihre Aufnahmen selbst.»

Aus dem Tagebuch von Enzo Pifferi

161

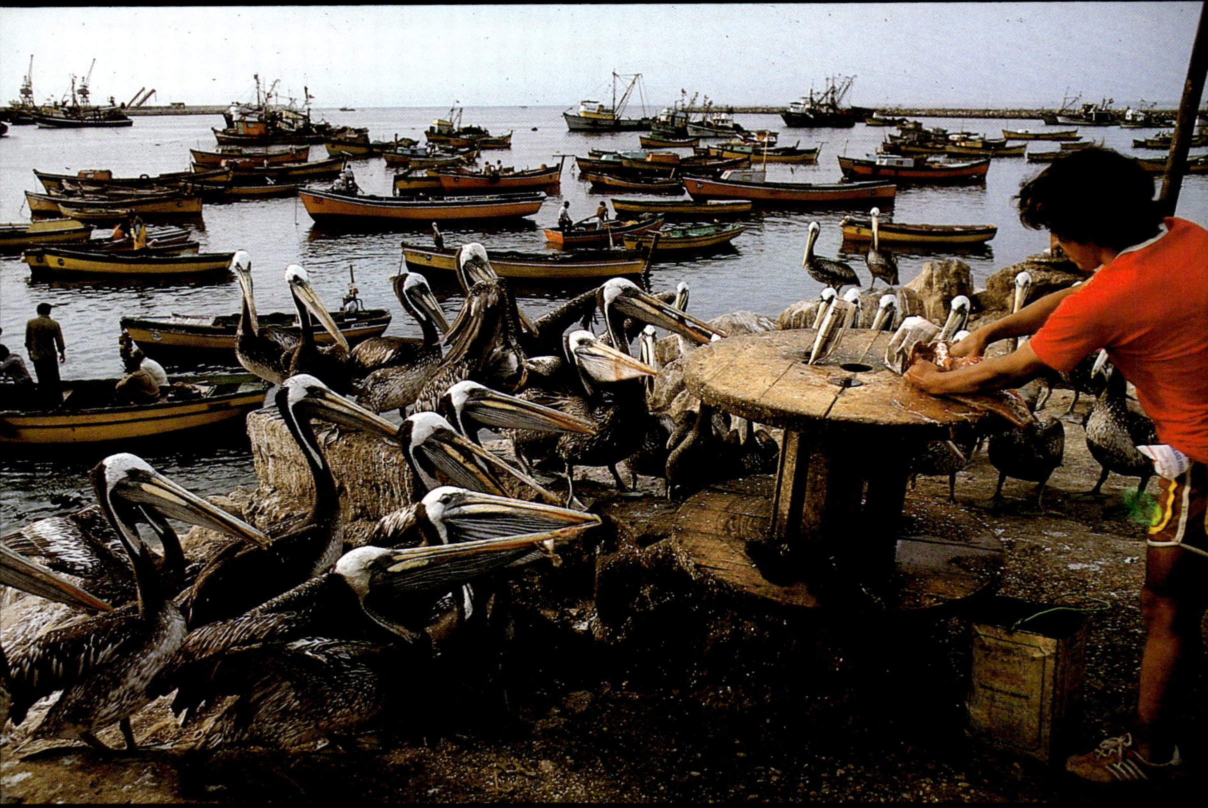

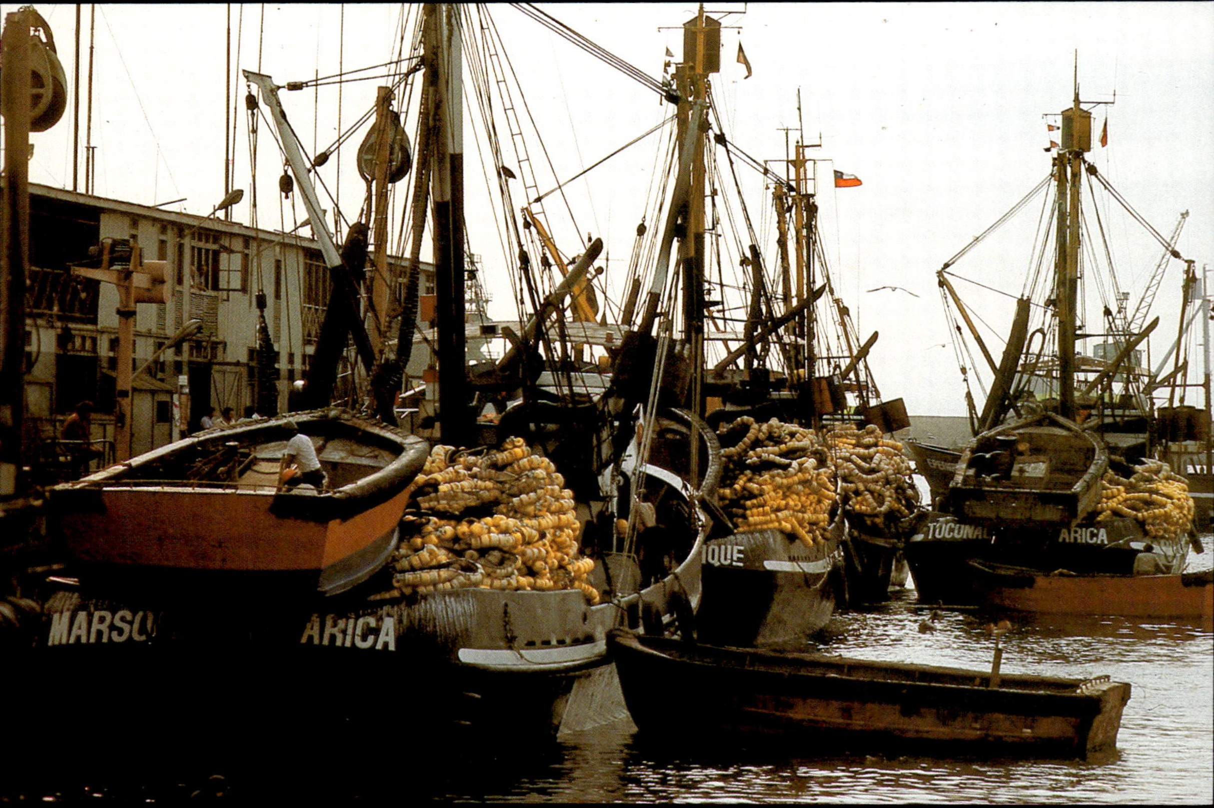
MARSO
ARICA
IQUE
TOCONA
ARICA

OCARRILES DEL ESTADO CHILE
ARICA LA PAZ
PRIMERA CLASE
165

Nº 4127
MASCHINENFABRIK ESSLINGEN
IN
ESSLINGEN
1924
3331
166

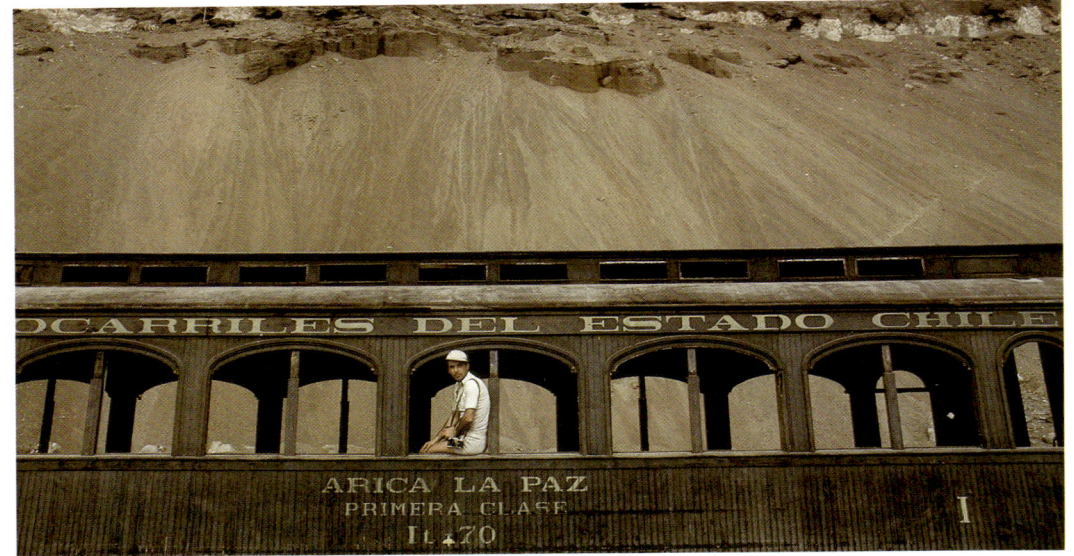

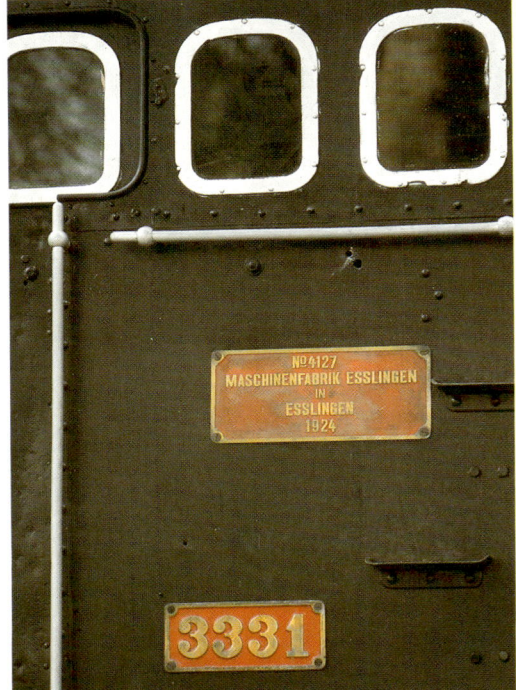

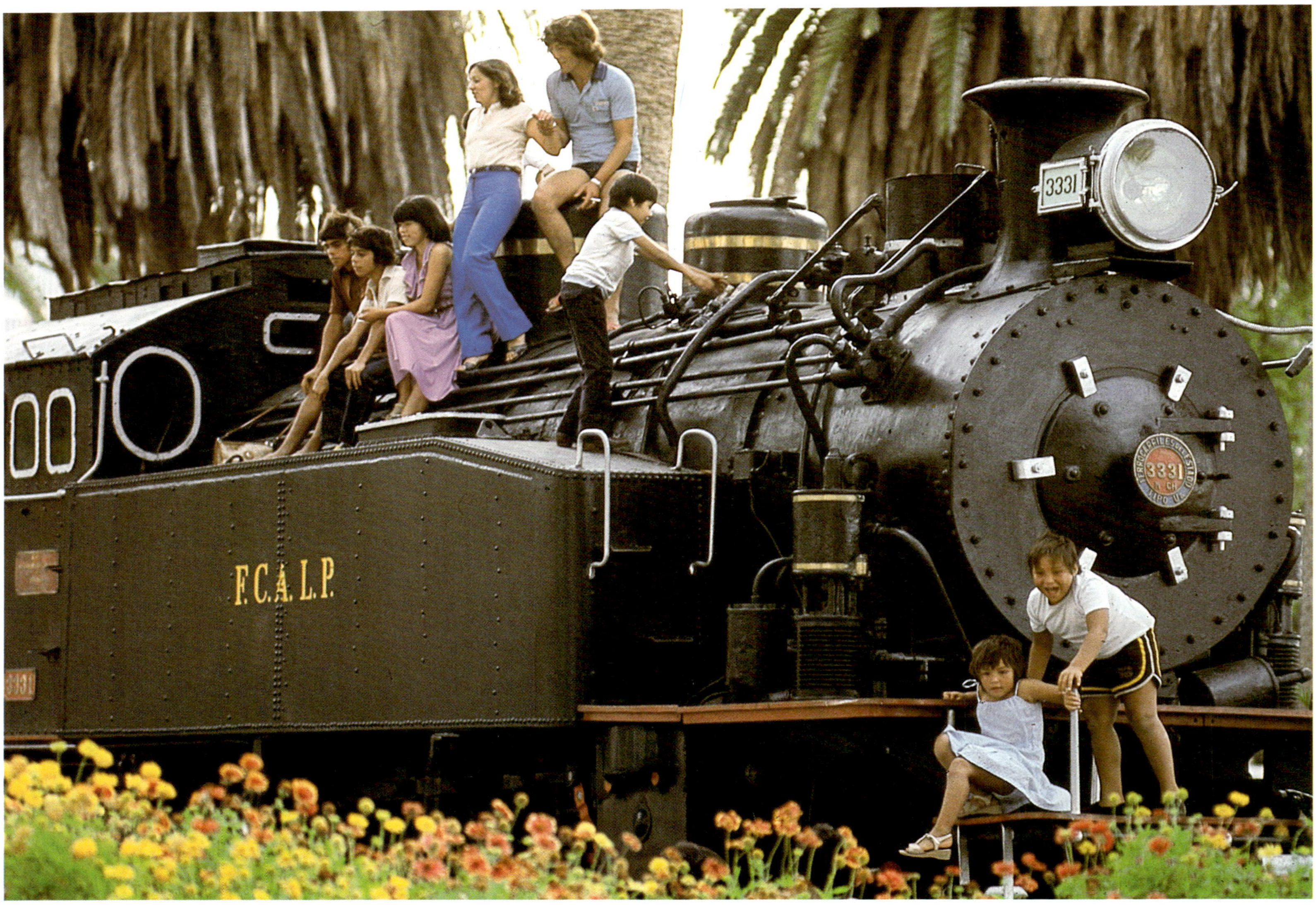
3331
F.C.A.L.P.
167

170

172

173

180

181

180 *Der internationale Zug fährt durch das «Niemandsland». Die Kontrollen sind peinlich genau, und Fotografieren ist streng verboten. Diese nicht besonders geglückte Aufnahme entstand, indem der Fotoapparat auf einen Türgriff außen am Wagen gestellt wurde. Den Rest besorgten der Selbstauslöser und die den Film automatisch transportierende Kamera.*

181 *«Charaña, an der Grenze. Es ist 23 Uhr 39. Für die letzten 50 Kilometer haben wir mehrere Stunden gebraucht. Vom chilenischen müssen wir in den bolivianischen Zug umsteigen – die Kompositionen überqueren die Grenze nicht –, und dies genau jetzt, wo ich endlich eine bequeme Stellung für ein kleines Nickerchen gefunden habe. Aber das ist immer so! Zahlreiche Passagiere sind schon zum Umsteigen bereit, andere treffen die letzten Vorbereitungen. Es ist sehr kalt, und man deckt sich gern mit allem zu, was man in die Hände bekommt. Aus dem Zugfenster kann man nichts erkennen; draußen herrscht ägyptische Finsternis, und doch muß sich hier irgendwo ein Dorf oder ein Bahnhof mit einigen Lichtern befinden. Der Zug wird rangiert, er hält an und setzt sich wieder in Bewegung, hält erneut an; man merkt kaum, in welcher Richtung er nun gerade fährt. Die Reisenden stehen schon alle im Gang, bereit auszusteigen, das Gepäck, meist Leinentaschen, bereits in der Hand; bei jedem kleinen Zugmanöver schwanken sie alle leicht hin und her.*

Dann setzt eine allgemeine Flucht ein: alle versuchen sich so rasch wie möglich zur Türe zu drängen. Im Freien ist es noch kälter; wir befinden uns in einer Höhe von 4066 m. Die Sterne unmittelbar über uns sind von einem intensiven Glanz, desgleichen die tief am Horizont stehenden. Man hat wirklich den Eindruck, die Welt sei rund.

Es bleibt nichts anderes übrig, als mit der Menge zu gehen: wie ein Wirbelwind bewegt sie sich in einer bestimmten Richtung. Unvermittelt wird mir bewußt, daß der Weg, den wir zurückzulegen haben, nicht irgendein Weg ist; mit Koffern und Taschen in der Hand befinden wir uns in einer gefährlichen, vielleicht auch etwas komischen Situation.

Es ist nicht nur die Höhe, die Gefahren birgt: räuberische Indios tauchen aus der Finsternis auf, reißen einem Gepäckstücke aus der Hand und tauchen wie Geister wieder im Dunkel der Nacht unter. Alle Zeichen stehen für sie günstig, die Dunkelheit, die Überraschung und in erster Linie natürlich die Tatsache, daß man sie unter diesen Umständen einfach nicht verfolgen kann; und das wissen sie natürlich.

Diesen Gedanken nachhängend mache ich mich auf die Suche nach dem andern Zug. Ich folge dem Lärm der Menge, die sich vor mir bewegt, die ich aber nicht sehe. Löcher, Gleise, Schwellen, Schotter, überall Fallen, die dieses nächtliche Umsteigmanöver auf über 4000 m Höhe so richtig angenehm gestalten. Alle paar Meter muß ich mich ein wenig ausruhen; ich setze mich auf meinen Koffer, stets wachsam, den Riemen des Fotoapparates fest in der Hand, bereit, ihn beim geringsten Anzeichen von Gefahr wie eine Schleuder um den Kopf zu wirbeln.

Nach ungefähr zwei Kilometern erreiche ich mit den andern Reisenden den Bahnhof. Als der bolivianische Zug einfährt, geht die wilde Jagd wieder von neuem los. Ein Mann wird auf beiden Seiten gestützt. Es ist der Australier; ich erkenne ihn an seiner Reisetasche und seiner Sportjacke. Rasch eile ich der kleinen Gruppe zu Hilfe, und gemeinsam schieben wir den geschwächten Mann vor uns in den Waggon. Er ist sehr bleich; während des Umsteigens hat ihn die Höhenkrankheit ereilt; nur unter großer Mühe gelingt es ihm, mir zu erzählen, daß er sich glücklicherweise inmitten der Gruppe befunden und so von allen ein wenig Hilfe erfahren habe. Ich beruhige ihn; bis La Paz sind wir nun in Sicherheit. Ich überrede ihn, zwei der Koramintabletten einzunehmen, die ich immer bei mir trage, und etwas Kokatee zu trinken, den ihm ein Indio anbietet.»

Aus dem Tagebuch von Enzo Pifferi

201

182 *Die Kupferzüge aus dem Bergbaugebiet von Cobre treffen im Hafen von Antofagasta ein. Von hier aus wird das wertvolle Erz in alle Welt exportiert.*

183 *Der Handelshafen von Antofagasta. Die Stadt wurde im Jahr 1866 von Juan López gegründet und erlangte bald für das ganze Land größte Bedeutung. In Chuquicamata befinden sich die größten Kupfer- und Salpeterlager der Welt. Trotz des beinahe unerträglichen Klimas ist Antofagasta eine moderne Stadt mit den modernsten Verladeeinrichtungen. Dank seiner See-, Luft- und Eisenbahnverbindungen ist Antofagasta zum Knotenpunkt eines ausgedehnten Verkehrsnetzes von nationaler und internationaler Wichtigkeit geworden.*

184 *Antofagasta. Gesamtansicht der Stadt mit dem großen Güterbahnhof, der beim Export von Bergbauprodukten eine außerordentlich wichtige Rolle spielt. Im Norden Chiles gibt es nur sehr wenig Landwirtschaft; nur in wenigen Oasen und wo es möglich ist, eine unterirdische Wasserader zu fassen, können tropische Kulturen angelegt werden.*

185 *«Diesmal befinde ich mich auf einem besonderen Zug, einem **tren de carga,** wie ihn die Südamerikaner nennen. Dieser aus Chuquicamata kommende Güterzug holt an den Hängen eines Vulkans Schwefel ab, der zur Verarbeitung von Kupfererz unerläßlich ist. Diese Linie dient vornehmlich kommerziellen Zwecken und gehört einer Minengesellschaft. Ein Personenzug verkehrt nur alle vierzehn Tage zwischen Antofagasta und Bolivien. Ich habe diesen Zug nach richtiggehender Wildwest-Manier bestiegen. Mit Hilfe eines Chilenen (er hat 200 Dollar gekostet), der einen Toyota-Geländewagen fährt, habe ich mich dem Zug genähert. Bei einer der unzähligen Steigungen, in denen der Zug seine Fahrt gezwungenermaßen verlangsamt, konnte ich mich an einem Türgriff festhalten und umsteigen. Ich glaube, der Lokomotivführer hat mich noch nicht bemerkt, oder vielleicht ist ihm meine Anwesenheit gleichgültig. Möglicherweise hat er sich aber auch über mein Annäherungsmanöver köstlich amüsiert. Wir fahren jetzt durch eine große Wüste, eine wahre Mondlandschaft.*

Steine, nichts als Steine, dazwischen ein paar dürre Büsche. Kilometer um Kilometer nichts als trockenes Land; nur ein paar Oasen: Calama, San Pedro.

Mein chilenischer Freund und ich verlieren uns nicht aus den Augen, oder wir treffen uns wenigstens ziemlich oft, wenn die Wüstenpiste sich mit der Eisenbahnstrecke kreuzt. Außerdem kann ich seine Position auch über mehrere Kilometer hinweg feststellen, denn sein Gefährt wirbelt eine riesige Staubwolke empor...

Wir kommen immer höher hinauf; ich spüre es am üblichen Schmerz in den Schläfen; wir befinden uns vielleicht auf knapp 4000 m. Meine kritische Grenze liegt bei 5000 m; höher hinauf schaffe ich es nicht. Nicht einmal Koramin hilft mir dann meine Krisen zu überstehen.

Die Kokablätter, die ich immer bei mir habe und im Notfall auch brauche, beruhigen mich ein bißchen. Ich befinde mich auf dem hintersten Wagen und genieße von hier aus die Landschaft, die sich in der Zwischenzeit stark gewandelt hat; wir fahren durch eine vulkanische Gegend; die Gipfel ragen über 5000 oder 6000 m auf, aber da wir selbst schon ziemlich hoch oben sind, gleichen sie nurmehr hohen Hügeln. Da ist eine Herde frei lebender Lamas, so zwanzig Tiere, vielleicht ein paar mehr; durch den vorbeifahrenden Zug aufgeschreckt stieben sie in wildem Durcheinander in die entgegengesetzte Richtung davon. Unvermittelt stecke ich mitten in einer Sandwolke drin; ich kann kaum noch einen Meter weit sehen. Noch habe ich keine Ahnung, was los ist. Ein ohrenbetäubender Lärm und ein Knirschen sowie eine brüske Verzögerung, gefolgt von einem heftigen Ruck, lassen mich vermuten, daß der Zug entgleist ist. Unfreiwillig rutsche ich vom Wagenaufbau herunter, die Tasche, die ich bei mir habe, mit mir ziehend. Einen Augenblick lang glaube ich, dies sei nun wirklich die Endstation meiner Reise. Von Kopf bis Fuß mit Sand bedeckt und vom Sturz noch leicht schockiert, versuche ich mich zu bewegen. Ich wage nicht einmal, die Augen zu öffnen; ich spüre keine Schmerzen, befürchte aber das Schlimmste. Vorsichtig betaste ich meine Knochen. Dem Himmel sei Dank, nichts gebrochen, überhaupt nichts... Der Güterzug ist etwa fünfzig Meter weiter vorn zum Stillstand gekommen. Ein paar Wagen sind aus den Schienen gesprungen, aber nicht umgestürzt. Ich gehe auf die Lokomotiven zu, um nach dem Lokführer zu schauen und ihm wenn nötig zu helfen. Gleichzeitig höre ich ein Geschrei: es ist mein chilenischer Freund, der sein Auto verlassen hat und auf uns zuläuft. Auch die beiden Lokführer haben Glück gehabt, ein Schock und einige Prellungen; der jüngere der beiden hat einen Schnitt am Arm. Kleinigkeiten, wenn man sich vorstellt, was alles hätte passieren können.»

Aus dem Tagebuch von Enzo Pifferi

186 Nordchile wird von der Atacama, der wohl ödesten Wüste der Welt, geprägt. Aber auch die ganze südamerikanische Pazifikküste südlich des Äquators ist eine einzige Wüstenlandschaft, für die der Humboldtstrom verantwortlich ist. Ungeheure Wassermengen aus warmen Meeren kühlen sich in der südlichen Polarregion ab, umrunden das Kap Horn und fließen der amerikanischen Küste entlang bis zum Äquator hinauf. Mit diesem Strom schwimmen Wale, Robben und Pinguine, die ihre gewohnten Polarzonen verlassen und schließlich die zahllosen kleinen Inseln vor der Küste beleben. Die Sonne vermag das kalte Wasser des Humboldtstroms nicht zu erwärmen, der rund 200 km breit ist. Aus diesem Grund kann kein Verdunstungsprozeß stattfinden, und die vom Meer hereinströmende trockene Kaltluft kann die wenige Feuchtigkeit erst an den hohen Gipfeln der Anden in Form von Regen oder Schnee niederschlagen. An der Küste gibt es deshalb keinen Regen, und die Wüste beherrscht alles mit Ausnahme einiger grüner Oasen an den Wasserläufen, die von den Anden herunterströmen.

187 In Chuquicamata weisen grüne Schlackenberge darauf hin, daß sich hier - auf rund 3200 m ü.M. - die größten im Tagbau genutzten Kupfererzlagerstätten der Welt befinden - im Herzen der trockenen Atacama-Wüste.

188 Ein Güterzug durchquert die Atacama. Diese schwierige Eisenbahnstrecke läßt sich auch heute mit den Pionierstrecken im Fernen Westen Amerikas vergleichen. Beide überwinden große Höhen und führen durch menschenleere Gegenden. Und in Chile ist die Gefahr noch immer der ständige Begleiter des Lokführers.

189 In den Bergwerken von Chuquicamata werden gigantische Maschinen eingesetzt: Schlepper mit einer Ladekapazität von 250 Tonnen; Kräne, die von mehreren Männern bedient werden und über 50 m hoch sind. Alle Einrichtungen stammen aus den USA. Zwei Kinder posieren für ein Erinnerungsfoto vor dem urzeitlich anmutenden Koloß.

190 In Chuquicamata. Obwohl Kupfer schon in präkolumbischer Zeit abgebaut und bereits ab 1601 exportiert wurde, begann man die Kupfererzgewinnung erst im 19. Jahrhundert zu rationalisieren. Dank neuer technischer Methoden war es möglich, zunächst die Gewinnung und dann den Export so zu verbessern, daß sich Chile wirtschaftlich in kürzester Zeit erholte. Unter dem Diktat der USA hat der Kupfererzabbau bedenkliche Ausmaße angenommen. Heute stellen die Kupfererzlager einen der größten Reichtümer Chiles dar.

191 Ein Güterzug im Norden Chiles. Nicht nur das Küstengebiet ist außerordentlich trocken, sondern auch in der Sierra wird das Klima nicht milder. Vegetation überlebt nur an wenigen Orten.

192 «'Halt, Polizei!' Wir werden von zwei uniformierten, mit Maschinenpistolen bewaffneten Soldaten aufgehalten. Und trotzdem erhalten wir, als ganz große Ausnahme, die Bewilligung, unsere Fahrt bis zum Salar de Ascotán fortzusetzen. Mit einem Geländefahrzeug bewegen wir uns auf einer Piste durch den Salar de Ascotán (3800 m ü.M.). Hunderte von runden Schildern warnen uns vor Minen. Dutzende von Wracks uralter Panzerfahrzeuge säumen den Weg, und es ist unmöglich, sich ihnen zu nähern. Das ganze Gelände auf Hunderten von Kilometern entlang der Grenze zu Bolivien ist vollständig vermint.»

Aus dem Tagebuch von Enzo Pifferi

193 Von Ascotán (3955 m ü.M.) aus erreichen mit Borax und Salpeter beladene Güterwagen die Hafenstadt Antofagasta. Die chilenische Atacama birgt ungeheure Salpetervorkommen, die schon von den Spaniern zur Herstellung von Schießpulver ausgebeutet wurden. Als dann die Stickstoffdüngung entdeckt wurde, wurde die Produktion erhöht, und die staubigen Wüstenorte verwandelten sich in reiche und geschäftige Städte. Bis zum Ersten Weltkrieg produzierte Chile 90% des Weltsalpeterbedarfs; das wertvolle Material wurde von der Hafenstadt Antofagasta aus auf dem Seeweg nach Europa exportiert. Mit der Erfindung der synthetischen Stickstoffdünger ging die Produktion stark zurück. Dafür erlangte die Kupfererzgewinnung in den Minen El Teniente und Chuquicamata eine immer größere Bedeutung.

194 Signalisierung von Minenfeldern entlang der chilenisch-bolivianischen Grenze. Bolivien erhebt Anspruch auf diese Gebiete, die vor dem Pazifik-Krieg zu diesem Andenstaat gehört hatten. Dieser Krieg fand mit einem Vertrag im Jahr 1883 seinen Abschluß, der auf hundert Jahre begrenzt ist und demnächst abläuft. Die steigende politische Spannung rechtfertigt die Präsenz von Militär und das Verminen des Grenzgebietes auf chilenischer Seite entlang der ganzen Grenze mit Bolivien.

195 An den Hängen des Cerro del Azufre, auf ungefähr 5500 m Höhe, befinden sich Schwefelminen. An diesen Bergen finden zahlreiche Arbeiter eine Beschäftigung.

196 Der Bahnhofvorstand von Atacama gibt die Abfahrt für einen Zug in Richtung Antofagasta frei. Der Zug hält sich an keinen festen Fahrplan. Manchmal gibt es Verspätungen von mehreren Stunden. Diese sind darauf zurückzuführen, daß die Züge auf den langen Strecken oft mit verschiedenen Schwierigkeiten zu kämpfen haben: Sand auf den Schienen, Erdrutsche, Defekte an schwer reparierbaren mechanischen Teilen und – nicht allzu selten – Entgleisungen mit oft schwerwiegenden Folgen.

197 Im Bahnhof Ascotán versucht der Telegraphenbeamte, mit der Station Calama Kontakt aufzunehmen, um dort mitteilen zu können, daß der Zug aus Bolivien wegen Schwierigkeiten unterwegs mehrere Stunden Verspätung haben wird. Das aus Holz erbaute Bahnhofsgebäude steht am Scheitelpunkt der Linie La Paz–Antofagasta; wenige Meter daneben steht ein Felsblock mit der Aufschrift: 3990 m ü.M.

198 F.C.A.B., Ferrocarril Antofagasta–Bolivia. Der Personenzug von La Paz steht im Grenzbahnhof von Ollagüe. Der Lokführer, der auf seine Dieselmaschine sehr stolz ist, stellt sich gern für ein Erinnerungsfoto zur Verfügung.

199 Salar de Ascotán, der größte Boraxsee der Welt; er ist 36 km lang und liegt auf einer Höhe von 3800 m. Dieses Grenzgebiet zu Bolivien ist vollständig vermint. Im Hintergrund der 5680 m hohe Cerro Araral.

200 Eine Herde Lamas, die hier frei lebt, auf der Flucht. In dieser Gegend sind die Lamas sonst praktisch ungestört.

201 *Eine Piste über den großen Boraxsee von Ascotán. Hier im Grenzgebiet zu Bolivien befinden sich die berühmtesten Trockenseen der Welt, die dieses Mineral enthalten. Sie gehören, genau wie die Minen von Chuquicamata, zu den wichtigsten Bodenschätzen Chiles. Unter der brütenden und flimmernden Sonne gleichen sie vereisten Seen. Der Schein, wonach der Salar de Ascotán weder Zu- noch Abflüsse hat, trügt; an einigen Stellen löst sich das Boraxsalz bei der Berührung mit Wasser auf, an andern Stellen schlägt es sich kristallin auf dem Schlamm nieder.*

202 *Altiplano von La Paz. Das imposante Massiv des Illimani (6457 m) bildet einen faszinierenden Hintergrund für den Altiplano von La Paz (4200 m ü. M.). Auf dieser weiten Hochebene herrschen die Wolken. Der Himmel nimmt die unglaublichsten Färbungen an, und die Vegetation ist sehr reich. Die tiefer liegenden Hochebenen dienen fast ausschließlich dem Anbau von Koka. Bolivien spielt in der Tat im internationalen Drogenhandel eine sehr wichtige Rolle, und heute stellt der illegale Anbau von Koka eine der größten Industrien und Einnahmequellen des Landes dar. Er gefährdet sogar die politischen Institutionen und die internationalen Beziehungen.*

Zur Verarbeitung von Kokain werden die Kokablätter einem chemischen Prozeß unterzogen, der in der Regel in geheimen Laboratorien in Kolumbien durchgeführt wird. 80% dieser Produktion landen in den Vereinigten Staaten; sie werden heimlich auf dem See- oder Luftweg nach Florida eingeführt. Das Risiko der Händler ist zwar hoch, der Verdienst aber ungleich viel höher. Wenn zum Beispiel in Santa Cruz ein Kilogramm Koka vor der Verfeinerung 2000 US-Dollar wert ist, so wird es den Süchtigen in New York für 500 000 US-Dollar weiterverkauft. Diese astronomischen Verdienstmöglichkeiten haben zur Bildung einer Handelsorganisation geführt, die über Schiffe mit Bewaffnung verfügt, welche derjenigen des amerikanischen Küstenschutzes weit überlegen ist. Es liegt eine gewisse Ironie in der Tatsache, daß die Einfuhr dieses leicht verdienten Geldes der bolivianischen Wirtschaft immer schwerere Schäden zufügt. Vor allem die Landwirtschaft hat darunter zu leiden. Die großen illegalen Koka-Anbauer verfügen praktisch im Monopol über die Landarbeiter; sie bezahlen ihnen einen Taglohn von 48 $, während die Bauern, welche diese Männer zur Zuckerrohr- oder Weizenernte dringend benötigen würden, nicht mehr als 8 $ anbieten können. Die Landwirtschaft sucht diesem Personalmangel durch den Import von Erntemaschinen zu begegnen, doch gehen dadurch enorme Summen an Devisen verloren. In der Folge schrumpft die Produktion, was wiederum mehr Land für den Anbau von Koka freistellt. Die Vereinigten Staaten unterstützen die bolivianische Regierung in ihrem Bestreben, diesen ungeheuren Drogenhandel einzudämmen. Sie haben Sondereinheiten der bolivianischen Polizei ausgebildet und Riesensummen investiert, um die Kokakulturen durch Oliven, Zitrusfrüchte, Kakao, Reis und Gewürze abzulösen. Aber die Pläne der Amerikaner stoßen auf großen Widerstand bei den Familien, die am Drogenhandel interessiert sind, und auch die Korruption des Staatsapparats spielt ihre Rolle.

203 Ein Abschnitt der Eisenbahnlinie, die von Guaqui am Südufer des Titcacasees nach El Alto, einer Vorstadt von La Paz, führt. Zwischen Guaqui und der peruanischen Stadt Puno besteht eine Fährverbindung.

204 Der internationale Zug passiert die Station von El Alto, etwas außerhalb der Hauptstadt La Paz. Er braucht für die ganze Strecke von Antofagasta nach La Paz sechsunddreißig Stunden und überwindet dabei eine Höhe von über 4000 m. Bolivien ist im Herzen des südamerikanischen Kontinents vollkommen vom Meer abgeschlossen. La Paz, das als Hauptstadt betrachtet wird, während die verfassungsmäßige Hauptstadt eigentlich Sucre ist, liegt in einem Tal zwischen über 6000 m hohen Berggipfeln.

205 Der Altiplano von La Paz. Eine Indiofamilie geht ein Stück weit den Gleisen der Andenbahn entlang. Die kleinen Frauen in ihren glockigen, weiten Röcken tragen Filzhüte, deren Form und Schmuck verraten, aus welcher Gegend sie stammen. Mit trippelnden Schritten folgen sie dem Schienenstrang. Schon von klein auf werden sie an Lasten gewöhnt; in der Regel tragen sie Mais oder Wolle, oder ein Kind, das in einem über die Schulter geworfenen Schal schläft.

206 La Paz. Bei einem Todesfall versammeln sich Verwandte und Freunde am Vorabend der Bestattung im Haus des Verstorbenen, wo sie die Totenwache halten und der Familie Gesellschaft leisten. Am folgenden Morgen begeben sie sich an den Fluß, wo sie die Kleider des Toten waschen und ordentlich zum Trocknen auslegen. In der Zwischenzeit setzen sich auf der einen Seite die Frauen, auf der andern Seite die Männer in Kreisen zusammen und sprechen über den Verstorbenen. Wenn ein Kind stirbt, wird ein großes Fest veranstaltet, weil man glaubt, es sei in den Himmel gekommen und jetzt unter den Engeln.

207 Die bolivianische Hauptstadt La Paz verfügt über internationale Eisenbahnverbindungen mit direkten Zügen nach Chile, Peru und Argentinien. Im Jahr 1903 billigte der chilenische Kongreß das Projekt, die chilenische Hafenstadt Arica mit La Paz zu verbinden. Nach langen Verhandlungen zwischen den Vertretern Boliviens und Chiles wurde am 20. Oktober 1904 in Santiago ein sogenannter Friedens-, Freundschafts- und Handelsvertrag unterzeichnet. Darin erkannte Bolivien seinem Nachbarland Chile den absoluten und ewigen Besitz seiner Küstengebiete zu, die vor dem Pazifik-Krieg bolivianisch gewesen waren. Dafür sicherte sich Bolivien unter anderem die Eigentumsrechte an der Eisenbahn Arica–La Paz auf bolivianischem Territorium, die jedoch auf Kosten von Chile gebaut werden mußte. Mit diesem Plan sollte Bolivien die Möglichkeit erhalten, seine Produkte nicht nur über Antofagasta, sondern auch über die Hafenstadt Arica zu exportieren.

208–210 In der Umgebung von Tiahuanaco wikkelt sich ein Großteil des Innenhandels in der Hochebene ab. In bunt leuchtenden Gewändern kommen die Indios pünktlich jede Woche zusammen, um ihre Waren feilzubieten: landwirtschaftliche Produkte und Artikel der einheimischen Handwerker. Diese Märkte, die immer sehr gut besucht sind, ermöglichen es verschiedenen Familien, ihren Hunger wenigstens für einen Tag zu stillen.

211 Sehr typisch sind auch die Lastwagen, denn ohne sie wären gewisse Orte gar nicht erreichbar. Da es in dieser Berggegend keine Verkehrsverbindungen gibt, stellen diese Vehikel die einzigen Transportmittel dar, mit denen sich viele Bolivianer in die Stadt begeben können.

212–214 La Paz, Valle de la Luna. Dies ist vielleicht eine der charakteristischsten Landschaften Boliviens. Zwischen diesen von Wind und Wasser erodierten Felsformationen verbergen sich zahlreiche Schluchten. Gefährliche Saumpfade führen an senkrecht abfallenden Wänden entlang und verbinden die verschiedenen Talregionen miteinander.

215 *Tiahuanaco. Das beste Beispiel dafür, wie die alten Aymará Monolithen miteinander zu verbinden verstanden, findet sich auf dem halb versenkten Platz vor der Akapana, dem kleinsten Tempel. Die Steine dienen als Nägel, und die «Nagelköpfe» sind Skulpturen von 45 verschiedenen Masken in vier verschiedenen Gesteinsarten. Eine der Figuren trägt typisch negroide Züge; diese Tatsache hat unter den Archäologen zu großen Diskussionen geführt. Andere Masken stellen Pumas, Lamas und Affen dar.*

216 *Tiahuanaco. Dieser Monolith verrät typische Merkmale der Aymará: großer Kopf, große Füße und kurze Arme. Die Maske war ein Symbol des höchsten Ranges; die Mächtigen im alten Tiahuanaco enthüllten ihr Gesicht beim Sprechen niemals. In der linken Hand trägt die Figur einen* **keru,** *einen Zeremonialbecher, in der rechten eine Kreatur mit Menschenkörper und Vogelkopf. Die Muster auf dem Gürtel stellen die Sonne dar.*

217 *Tiahuanaco. In der Zeit um 1500 bis 1200 v. Chr. ließen sich die Aymará, ursprünglich ein Nomadenvolk, in der Umgebung des Titicacasees nieder. Sie organisierten sich in Familiengruppen ähnlich den schottischen Clans, die sie* **allayllú** *nannten. Dies war der Ursprung von Tiahuanaco. Trotz der zweimaligen Eroberung, durch die Inkas im Jahre 1500 und später durch die Spanier, haben die Aymará ihre Sprache, ihre Tradition und Sitten beibehalten. Der Baustil von Tiahuanaco und anderer Aymará-Städte in Bolivien unterscheidet sich deutlich von demjenigen der Inkas. Im Gegensatz zu Machu Picchu zum Beispiel wurde Tiahuanaco aus kubisch oder rechteckig zugehauenen Steinblöcken erbaut, die von Nägeln aus Stein zusammengehalten werden. Außerdem waren die Steinwände von Tiahuanaco bemalt, während die Inkas ihre Gebäude nie auf diese Weise schmückten. Niemand kann mit Sicherheit sagen, welchen Zwecken diese Bauwerke dienten. Wahrscheinlich erfüllten sie kultische Funktionen bei der Verehrung des Sonnengottes Inti oder der Erdmutter Pacha Mama. Daneben beteten die Aymará die Sterne, die Kometen, den Wind und die Manifestationen der Natur an.*

Die strenge, symmetrische Anlage von Tiahuanaco veranlaßte einige Gelehrte zur Annahme, es habe sich um eine Festung gehandelt. Was heute noch zu besichtigen ist, ist nur ein Teil dessen, was einst existierte. Die englische Gesellschaft, welche die Eisenbahn von La Paz zum Titicacasee erbaute, verwendete viele Monolithen zum Bau von Brücken; andere dienten als Fundamente für Häuser der heutigen Stadt. Die rechteckige Anlage von Tiahuanaco verrät, daß die Aymará große astronomische Kenntnisse besaßen. Die Bauwerke stehen fast perfekt parallel zueinander, und sie sind alle nord-süd- oder ost-west-gerichtet. Am 21. September, der Frühlings-Tagundnachtgleiche, geht die Sonne hinter der Andenkordillere auf, und ihre Strahlen fallen genau in die Mitte des Portals des ersten Gebäudes, der Kalasasaya, und in die Mitte des Sonnentors.

Es gibt zudem Überreste von Steinböden, und Abwasserkanäle lassen vermuten, daß hier einst ein gewaltiger Aquädukt existiert haben muß. In der Platzmitte stehen drei noch gut erhaltene Monolithen. Der größte von ihnen wird heute Kontiki genannt, weil er an gewisse Monumente auf den Osterinseln erinnert.

Auf dem Sonnentor, dem prächtigsten Baudenkmal, sind Darstellungen von Lamas und Soldaten zu erkennen. Die 15 Symbole hält man für Zeichen des Aymará-Kalenders, der das Jahr in fünfzehn gleiche Teile unterteilte. Nur ungefähr 15% von Tiahuanaco sind bisher erforscht worden, und die Arbeiten gehen weiter.

184

188

189

192

193

191

194

195

202

203

209

210

211

215

216

217

Gerd Heussler

ORURO–POTOSÍ

Eine Eisenbahnfahrt über die bolivianische Puna

Ich habe sie nicht vergessen, die schneidend kalten Stunden auf der offenen Ladefläche des Lastwagens, der von Cochabamba kommend sich die Gebirgspässe hinaufwand, mühsam und endlos schier, als ich mir sagte, irgendwann müßten wir doch oben ankommen. Wir erreichten die Einöde der Puna, als die Sonne sich anschickte, hinter nackten, sanften Hügeln zu versinken, und tief zwischen die gestapelten Säcke gedrückt, träumte ich von den Temperaturen dieser letzten Maitage bei uns, die das Blut in Wallung bringen, während hier oben in vielleicht 4000 Metern Höhe der heranrückende Winter nicht einmal von der wehmütig romantischen Kulisse einer sterbenden Natur begleitet wird. So folgte die lange Nacht bis Oruro, welche die Lebensgeister vorübergehend auslöschte.

Zugreisen sind in Bolivien billig und daher populär. Das Ticket 2. Klasse von Oruro nach Potosí kostet für die zwölfeinhalbstündige Fahrt umgerechnet 5,50 DM. Entsprechend früh hatte ich es mir gekauft und stellte erstaunt fest, daß ich damit einen reservierten Sitzplatz in einem numerierten Waggon erworben hatte. Daß dies kein Freibrief für eine behagliche Kaffeefahrt sei, vermutete ich bereits, aber wenigstens hatte ich ein Dach zwischen mir und den Sternen des Hochplateaus ...

Als ich auf dem Bahnhof eintreffe, steht der Zug bereits auf den Gleisen. Aus dem Dunkel der Waggons dringt die Hektik von Massenbewegungen. Es macht Schwierigkeiten, ohne einen Lichtschein Waggonnummern zu erkennen. Und nicht nur mir. Wie die Hühner entlang des Zaunes eilen die Menschen die Gleise auf und ab, während das Versteckspiel mit den Sitzplätzen im Innern in vollem Gange ist. Endlich habe ich den richtigen Eingang gefunden und erkämpft, und die zweite Hälfte des Spektakels beginnt. Früh, ein bis eineinhalb Stunden vor der Zugabfahrtszeit zu erscheinen bietet keine Gewähr für eine reibungslose Personen- und Güterabfertigung. Vielmehr gehört es zu den Landesgepflogenheiten, massiv und gebündelt auftretende Probleme längerfristig, d. h. in der noch reichlich verbleibenden Zeit, zu lösen. Mit meinem Rucksack bin ich noch verhältnismäßig beweglich. Wenn ich mir aber die Frauen und Männer betrachte, vornehmlich Indios, wie sie sich die Zugänge zu den Abteilfenstern erobern, um die ihnen von unsichtbarer Hand gereichten Gepäckstücke entgegenzunehmen, wie sie auf unsicheren Beinen bemüht sind, beständig ihre Habe, welche sich an irgendeiner freien Stelle und möglichst nahe türmt, unter Kontrolle zu halten, während von den Waggoneingängen her weitere bündelbewehrte Fahrgäste ins Innere vordringen, stolpernd vorüberdrängend oder einfach zunächst rat- und tatenlos, stellt sich mir die Frage, wie die Betroffenen ihren gebuchten Sitzplatz noch frühzeitig genug entdecken wollen, bevor er nicht durch Menschen oder Gepäckstücke uneinnehmbar geworden ist. Und das erhellte Bahnhofsgebäude reicht nicht aus, um inmitten des Drängens und Stoßens mehr als Formen und Umrisse zu unterscheiden. Nur die Taschenlampe aus meinem abgestellten Rucksack konnte helfen. Hinter diversen, geduldig überwundenen Hindernissen finde ich den Platz schließlich besetzt. Ein Vergleich der Platznummern beseitigt jeden Zweifel: während ich mein Gepäck herbeihole, bereitet der andere seinen Umzug vor. Die Bevölkerung nimmt es genau mit den reservierten Plätzen, so daß Großmut nicht immer zum Ziel führt. Hätte ich den Mann auf meinem Platz belassen und dafür den seinen gesucht, welcher gleichfalls besetzt sein wird, wären neue Komplikationen entstanden, denn mein Ticket hätte ja eine andere Nummer aufgewiesen.

Als ich auf der Bank sitze, den Rucksack in Griffweite, fühle ich mich erhitzt und erleichtert. Um mich herum setzt sich die Suche nach und Reklamation von Plätzen, das Hin und Her von Gepäck und Menschen verbissen und lautstark fort. Wie es auf 21 Uhr geht, fährt Panik unter jene, die noch nicht alles verladen haben, bis nach minutenlangem Hetzen und Rufen endlich Ruhe einkehrt. Ich freue mich auf den wohlverdienten Schlaf. Da geht unvermittelt das Licht an. Der Lokführer hat seine Maschine bestiegen und gibt das Signal zur Abfahrt. Verkehrte Welt! Wofür brauchen die Fahrgäste jetzt noch Licht? Niemand wird in den folgenden Stunden in diesem Waggon ein Buch oder eine Zeitung zur Hand nehmen...

Mir gegenüber hat ein Mann Platz genommen, der ein Gespräch beginnt. Er arbeite in einer Mine bei Río Mulatos, aber seine Familie lebe in Oruro. Er habe sie besucht... bis zum nächsten Mal also... Wann würde das sein? Er zuckt unsicher mit den Schultern. Aus seinem grauen, faltigen Gesicht mit der ledernen Haut blicken zwei müde Augen. Seine Hände sind groß und kräftig. Über seiner Arbeitshose trägt er einen Pullover und eine dünne Jacke. In der Zinnmine seien 150 Arbeiter beschäftigt. Sie gehöre einem privaten bolivianischen Unternehmen. Verstaatlichung? meint er auf meinen Einwurf und winkt ab. Und nach einer kurzen Pause: «Wir müssen bald mit einem Putsch der Generäle rechnen, denn die Wahlen im Juni werden sie nicht gewinnen.» Mit beiden Voraussagen sollte er recht behalten.

Bald nickt er wie die meisten Reisenden im Abteil ein, obwohl die Kälte von Stunde zu Stunde zunimmt, die innere Wärme mich mehr und mehr verläßt. Im Abteil gegenüber sind die Jalousien heruntergelassen, und blähen sich im Fahrtwind wie kleine Segel, denn die Fenster sind undicht. Der Blick durch die Scheiben macht deutlich, daß wir über einen Damm durch den Uru-Uru-See fahren. Der Vollmond bescheint matt die streckenweise von Riedgras durchbrochene Oberfläche. Dann ein Licht, das einsame Leben eines Fischers mit seiner *lancha*, zu dieser Stunde und bei solcher Kälte.

Wiederholt stört mich die Waggoninnenbeleuchtung dabei, draußen Details zu erkennen. Statt dessen blicke ich gleichsam in einen Spiegel, ein trostloser Anblick von Schlafenden und Fröstelnden. Als der See hinter uns liegt, ist der Boden mit einer dünnen, weißen Schicht bedeckt und die Lachen sind gefroren. An den Scheiben erstarrt das Wasser. Das Eis wird dicker und fester, bildet kuriose Rosenformen. An den Metallrahmen der Fenster gefriert die feuchte Luft. Winter wie im Dezember in Deutschland, nur ohne Heizung. Obwohl ich mich in weiser Voraussicht mit mehreren warmen Kleiderschichten versehen habe, dringen die Kälteschauer unter die Haut, und abgesehen von erholsamen Dämmerphasen komme ich nicht zum Schlafen.

Einige Bahnhöfe liegen unbeleuchtet, und die Gebäudesilhouetten treten einen Augenblick lang aus dem Dunkel in das kalte Licht des Mondes. Leblos wirken sie und abweisend. Ich erinnere mich an zwei, drei Halte. Menschen traten hinaus in die Schutzlosigkeit, und einmal stieg auch jemand zu. Einsame Gestalten, wie sie scheu und flüchtig fast, das Bündel geschultert, im Dunkel verschwinden, langen Wintermonaten entgegen...

Es ist zwei Uhr in der Nacht, versichert mir der Minenarbeiter, der sich zum Aufbruch rüstet. Viel hat er nicht. Gemächlich fahren wir an Feuern vorbei, vernehmen draußen lautes Stimmengewirr. Der Zug hält: Río Mulatos – aber von einem Bahnhof habe ich nichts bemerkt. Für mich heißt es hier umsteigen, mir Bewegung verschaffen, aber dennoch fürchte ich die klare Mondnacht. Bald herrscht wieder Gedränge, Nöte mit Gepäck und Kindern; die Reihen der verbleibenden Passagiere lichten sich. Als ich endlich dort stehe, wo ich zu stehen wünsche, nämlich draußen, den Rucksack neben mir, die Tasche umgehängt und niemanden im Umkreis von zwei Metern, atme ich auf. Erstaunlich die Bedürfnisse, welche sich unter diesen Lebensbedingungen melden. Die Gesellschaft von Menschen, die ich mir täglich wünsche, wandelt sich irgendwann einmal bei räumlicher Enge zu einem aufdringlichen Zwangsphänomen, das die persönliche Intimität zu beeinträchtigen droht. Ich ahne, daß äußere Beengung zu einem Identitätsverlust führen kann. Meine gelegentlich heftige Reaktion auf die rücksichtslose Mißachtung des Gepäcks oder gar meiner physischen Anwesenheit ist daher eine innere Revolte. Weniger die materielle Unversehrtheit als vielmehr die psychisch-existentielle muß erhalten bleiben. Und wie rasch verfliegt mein unbeherrschter Ärger, wenn die Betroffenen ein entschuldigendes *per-miso* oder *disculpe* folgen lassen und sich so exklusiv mit meiner Person auseinandersetzen.

Und die Einheimischen? Gilt ihr Unmut über zertrampelte oder zerdrückte Bündel nur der Beschädigung ihrer Habe? Ebenso rasch wie unüberlegt neigt man dazu, hier den Aspekt gewohnter Lebensumstände und die geringeren materiellen Besitzverhältnisse in den Vordergrund zu schieben, als ob die Menschenwürde ein Privileg der reichen Industrienationen sei. Und tatsächlich geistert in erster Linie die Stillung materieller Grundbedürfnisse in den Köpfen der Bürger, wenn von Entwicklungspolitik die Rede ist, denn, wie sie wissen, stopft eine reiche Mahlzeit nicht nur den Magen, sondern auch die Münder. Unbotmäßiger Kritik an gesamtgesellschaftlichen Verhältnissen in Ländern der Dritten Welt – und nicht nur dort! – verweigern sich bürgerliche Regierungen; zu verletzbar sind die wirtschaftlichen Beziehungen, zu lukrativ die Methoden der gegenseitigen Bereicherung; das Gebot der Nichteinmischung in die inneren Angelegenheiten fremder Länder etwa findet skrupulöse Beachtung, wenn Arbeiterstreiks blutig unterdrückt und Bauernmassen eingeschüchtert werden, damit die Zinnproduktion läuft und das Kokaingeschäft blüht. Denn für Rohstoffe und Genußmittel ist die hochindustrialisierte Welt schon immer empfänglich gewesen, und sie hat es mit diesem Gebot auch nicht so genau genommen, wenn zur Erhaltung ihrer Konkurrenzfähigkeit unbequeme Regierungen beseitigt und bequeme Regierungen gegen die Empörung des Volkes geschützt werden müssen. In dieser Hinsicht haben sich seit der kolonialen Conquista bis hin zur kapitalistischen für die lateinamerikanischen Länder zwar die Mittel, aber nicht die Methoden geändert. Nachdem die letzten Präsidentschaftswahlen in Bolivien zwar ein demokratisches, aber kein bequemes Ergebnis zeitigten, sind die Generäle zu ihrem Putschalltag

239

übergegangen, und so holen die Hochlandbewohner heute das Zinn unter nicht viel anderen Bedingungen aus den Bergen als vor Jahrhunderten das Silber.

Der Minenarbeiter winkt mir zum Abschied flüchtig zu und besteigt mit seinen Kollegen eine Ladefläche auf vier Rädern, die sie hinauf in die Mine, in die Wirklichkeit unter Tage bringen werden. Río Mulatos – von einem Ort ist nichts zu sehen. Eine kleine Holzhütte dient als Bahnhofsgebäude. Die Kälte treibt mich zu den Feuern entlang der Eisenbahnlinie. Der Anschlußzug nach Potosí ist erst um 4 Uhr zu erwarten. Die Flammen lodern aus rostigen Blechkanistern. Zwei Indiofrauen reichen Kaffee und Brot. Die Umstehenden nehmen dankbar an. Eine gute Stimmung: wer hätte gedacht, daß uns heute nacht noch eine solch angenehme Überraschung zuteil wird.

Die Hüterinnen des Feuers. Während ihre Männer wohl Schichtdienst in den umliegenden Minen leisten, verschafft der Eisenbahnknotenpunkt den Frauen etwas Verdienst. Ihre unbeheizten Lehmhäuser bieten eh nur dürftig Schutz gegen nächtliche Kälte. Sie ziehen mit ihren aufgesägten Kanistern, Körben und Schüsseln zu den Gleisen und gönnen sich und den wartenden Reisenden ein paar warme Stunden. In der Hocke sitzend, eine lange Schürze um sich gebreitet, legen sie im Wechsel trockene Zweige und Äste auf und sprechen verhalten miteinander. Zwischendurch kurze Worte zu einem der Kunden, und ihre ernsten, unverkrampften Gesichtszüge finden zu einem Lächeln.

Die Gruppe um das Feuer ist kleiner geworden. Vom Zug herüber ertönt ein Pfeifsignal, Aufbruch, weiter zur chilenischen Grenze, die Reisenden sind eingestiegen. Als das Rollen der Räder in der Ferne verhallt, begleiten nur noch die Stimmen am Feuer das Knistern des Holzes, welches eine Art Zusammengehörigkeitsgefühl schafft, aus einem gemeinsamen Bedürfnis gewachsen, der Suche nach einem behaglichen Ort inmitten unwirtlicher Weite.

Die Umstände haben uns hierher zusammengeführt, und sie werden uns auch wieder auseinanderbringen. Eine junge Frau fragt mich nach meinem Herkunftsland und gibt mir auf meine Antwort hin mit großem Ernst und verblüffender Bestimmtheit in der Stimme zu verstehen, daß sie im August mit mir nach Deutschland kommen wolle. «Aber ich fahre im August noch gar nicht zurück...» Das mache nichts; sie könne auch noch etwas warten oder zuvor mit mir weiterreisen. Es ist nicht das erste Mal, daß mir dieser Vorschlag unterbreitet wird. Er entstammt der Einsicht in die Hoffnungslosigkeit der eigenen Lage, einem Wunschdenken vom anderen und vom andern Land; Projektionen des Elends. Weg aus der Puna und dorthin, wo es die Armut nicht gibt. «Es würde dir in Deutschland nicht gefallen», sage ich, und die Gründe liegen auf der Hand. Doch ich fühle mich nicht wohl dabei. Es ist, wie ich mir beschämt gestehe, eine Antwort aus der Retorte, mit dem einzigen Ziel, diese etwas unangenehme Situation plausibel zu meistern, denn ich weiß, daß die Frau etwas anderes meint. Sie spricht von ihrer Wirklichkeit und ihren Erwartungen, und dennoch geschehen diese Dinge bei uns nur im Märchen. Sie hofft auf den Prinzen, der die arme Bauerntochter mit auf sein Schloß nimmt, sie heiratet, für sie sorgt, mit ihr viele Kinder zeugt, kurz, der ihr ein glückliches Leben beschert. Die Alternative zu ihrem Leben ist diese Hoffnung, und sie impliziert die Konventionen ihrer Welt, projiziert sie jedoch in eine andere Welt, welche die Not der Menschen auf der Puna nicht kennt. Es ist die einzige Hoffnung, und wenn die Frau aufhört, an diese Wirklichkeit zu glauben, die für mich schlechthin das Märchen ist, hat sie sich mit ihrem Los abgefunden und sich selbst aufgegeben. Ein Gespräch zwischen zwei Lügen, Träume auf der Puna...

Es sind vergleichsweise wenige, die ihre Gedanken so selbstbewußt äußern wie diese junge Frau. Den Menschen fehlt der Mut, auch nur daran zu denken, die kalte und öde Wirklichkeit mit einem kaum kalkulierbaren Traum zu vertauschen.

Der Zug aus Uyuni fährt ein, und seine Waggons liegen im Finstern. Die Abteile sind schon weitgehend besetzt, aber es gelingt mir, einen freien Platz bei einer vierköpfigen Familie zu ergattern. Zwei kleine Kinder schlummern unruhig im Schoße der Mutter. Die Eltern sind wach. Sie könnten nicht schlafen. Die Kälte und das unentwegte Hin und Her im Mittelgang rauben auch mir die Nachtruhe. Aber mich versöhnt die rücksichtsvolle Haltung und der höfliche Ton der Passanten.

Als sich der Zug um 5 Uhr früh in Bewegung setzt, hocken die Frauen noch an ihren Feuern mit Kaffee und Brot und trotzen Schlaf und Kälte: mythische Figuren.

Die frühen Morgenstunden, die kälteste Tageszeit, vergehen, und jeder denkt wohl mit Sehnsucht an die ersten Sonnenstrahlen. Das Ehepaar läßt erkennen, daß sie einer etwas gehobenen Schicht angehören, obwohl ihr Spanisch unverkennbar den indianischen Akzent verrät. Uyuni sei ihre Heimat. Welch eine Heimat! Die Kälte sei dort noch strenger, der Winter bringe viel Schnee. Mehrere Dörfer in der Umgebung seien im Juli und August eingeschneit. Die Schneedecke sei gelegentlich einen Meter hoch, und die Arbeiter müßten sich ihren Weg zur Mine freischaufeln. Die Bewohner lebten monatelang in völliger Isolation in ihren Häusern; als einzige Wärmequelle besäßen sie die Feuerstelle zum Kochen, und hiefür müßten sie von weither das Holz beschaffen. Der Winter zermürbe die Menschen und mache sie krank. Einige seien auch schon erfroren. «Sie haben keine Widerstandskraft, wenn sie sich tagaus, tagein nur von Mais ernähren. Nur die Minenarbeiterfamilien haben bescheidene Geldreserven, aber dafür machen die Väter auch zehn bis zwölf Stunden Schichtdienst täglich.» Mitfühlende Stimmen, sie schildern schonungslos den desolaten Zustand. Gleichzeitig spürt man, daß sie nicht zu den direkt Betroffenen gehören. Sie hätten ein kleines Kleiderunternehmen, das ihnen erlaube, zur Linderung der Not etwas beizutragen. Die Menschen seien auf die Hilfe der anderen angewiesen, sonst hätten sie keine Überlebenschance. Und hiefür seien wir doch da! – Sollte man meinen! Und warum erreicht unsere humanitäre Hilfe nicht diese Bevölkerungsteile, da doch ein relativ gutes Eisenbahnnetz die Hochlanddörfer verbindet und im Sommer auch die Allwetterstraßen passabel sind? Die landesübliche Korruption, die bis in die höchsten Ämter hineinreicht und gerade dort ihre fatalsten Auswirkungen auf die elementaren Bedürfnisse der Menschen hat, erklärt einiges, aber nicht alles. Unternehmerisch tätig zu sein, landwirtschaftliche oder industrielle Langzeitprojekte zu erstellen, von deren eventuellem Segen die unter widrigsten Bedingungen Lebenden aber ausgeschlossen sind, ist entwicklungspolitisch profitabler, da sich offenbar Gewinne erzielen lassen, Verschuldungen und Abhängigkeiten sich ergeben. Für die wenig werbewirksame karitative Hilfe sind kirchliche und soziale Institutionen zuständig. Denn privatwirtschaftliche Erfolge sind ein nationales Anliegen, sind Erfolge für renommierhungrige Staaten, die sich im internationalen Wettbewerb mit konkurrenzfähigen Vergleichswerten schmücken möchten. Kein Raum für Menschenrechte! Gering dotiert und profitneutral führen sie ein wenig spektakuläres Schattendasein.

Menschliches Zusammenleben ist daher strenggenommen ein inhaltsleerer Begriff geworden: das Miteinander indianischer Bauern bei Feldarbeit oder Hausbau, im Überfluß der

Erntefeste wie in der Not harter Winter; dagegen der Verfall menschlicher Werte, der Zerfall der Familie, die Einsamkeit am Arbeitsplatz – die Entwicklung meiner Mit-Menschen hin zum Auseinander. Wie kann ich dem Hochlandbewohner plausibel machen, daß wir alles besitzen mit Ausnahme der Habe des Bedürftigen? Sein Interesse an Deutschland, sein Wunsch, Europa kennenzulernen, die Vereinigten Staaten ... Ihn auch noch dazu ermuntern. Ich frage mich, ob seine Träume auf der kalten Puna nicht einem Siechtum unter frostigen Menschen in eisigen Städten vorzuziehen sind.

Die Sonne geht auf. Licht dringt in die Abteile, bescheint hübsche Kindergesichter mit kastanienbraunen Augen, die sich eben aus dem Schlaf öffnen, Mädchen und Jungen, und die Mütter neigen ihre Köpfe zu ihnen herab, achten darauf, daß sie bequem liegen, und geben ihnen die Brust, denn das Erwachen soll mit einer schönen Erfahrung verbunden sein. Als Marktfrauen auf den Bahnhöfen zusteigen, kaufen die Mütter *relleno de papa,* gefüllte Kartoffeln, welche sie den Sprößlingen geduldig füttern und mit ihnen teilen. Aber die wenigsten der Fahrgäste sind wirklich hübsch. Die wollenen Reifröcke der Frauen umschließen fette Hüften. Ihre Gesichter sind fleischig. Ein notwendiger Schutz gegen die Kälte? Andererseits tragen die Zugreisenden nahezu alle warme Winterkleidung, Strümpfe und Schuhe an den Füßen. Decke und Poncho gehören zum Handgepäck eines jeden.

Die Sonne erwärmt die Abteile schnell durch die geschlossenen Fensterscheiben. Draußen auf der Plattform aber weht es kalt und böig. Die bräunliche Hochfläche ist leicht gewellt, von zerklüfteten Felsen unterbrochen und mit gelben Grasbüscheln bewachsen. Kleine Ansammlungen von Lehmgebäuden, die wehrhaft der exponierten Lage zu trotzen scheinen, unterscheiden sich farblich kaum von ihrer Umgebung. Noch sind Wasserlachen und Rinnsale gefroren. Weißer Rauhreif bedeckt sonnengeschützte Stellen. Die Luft ist von schneidender Klarheit. Leben kann ich jedoch nur in den wenigen größeren Ortschaften und auf den Bahnhöfen ausmachen. Dort herrscht ein reges Hin und Her von Reisenden. In El Condor erreichen wir eine Höhe von 4787 Metern. Man sagt, es sei die höchste Bahnstation der Welt. Sie ist klein und bescheiden.

Im Zug findet eine Gepäckkontrolle statt, völlig überraschend für mich, wohl aber nicht für die Einheimischen, denn sie hatten bereits zuvor nervös an ihrer umfangreichen Habe herumgenestelt, Dinge umgepackt und ein beträchtliches Durcheinander veranstaltet. «Die Leute haben viele Sachen eingekauft», verrät mir mein Abteilungsnachbar, «es wird sicherlich geschmuggelt ...» Schmuggel? Über die chilenische Grenze? Aber in Chile ist doch das Leben wesentlich teurer als in Bolivien. Weshalb sollten die Leute dort einkaufen? Oder ist vielleicht die Grenzstadt Ollagüe zollfrei? Ich hatte dasselbe auf der Fahrt von der brasilianischen Grenze nach Santa Cruz de la Sierra erlebt. Und auch damals wurde viel zwischen Beamten und Fahrgästen getuschelt, Geldscheine wechselten die Hand, und am Ende schienen alle zufrieden. Die Familie neben mir führt koffer- und bündelweise Kleider mit sich. Gestenreiche Beteuerungen und Erklärungen des Vaters, furchtsame und verunsicherte Blicke der Mutter – die Kinder sind wieder eingeschlafen; doch der Beamte zieht beruhigt weiter und läßt auch meinen Rucksack in Frieden. Kaum ist die Luft wieder rein, bemerke ich verschmitzt lachende Gesichter und ausgelassene Heiterkeit. Manche hält es nicht mehr auf den Sitzen. Die lange Zeit angespannte Beklemmung schafft sich nun Bewegung. Man beginnt umzupacken, denn es dauert nur noch eine Stunde bis zur Ankunft in Potosí. Und die will man auskosten. Nun werden die frisch gekauften Kleidungsstücke den Mitreisenden vorgeführt: wie gut sie doch stehen, dabei waren sie gar nicht teuer... Hier eine kleine Änderung, und der Rock paßt wie angegossen... Aus Kindern werden Puppen, aus Männern stolze Herren, denn auch Krawatten wurden nicht vergessen.

Unvermittelt wird aus einem angestellten Transistor eine Nachricht laut, die eigentlich Anlaß zu größerer Unruhe sein sollte: «Golpe del estado», Staatsstreich, ertönt es in meinen Ohren; das übrige geht in dem herrschenden Trubel unter. Als sich schließlich die Neuigkeit im Waggon herumgesprochen hat, ist die Resonanz nicht größer, als wäre gerade das Wetter für morgen angesagt worden. Später lese ich in der Zeitung, daß ein General Meza einen Umsturz versuchte, aber scheiterte. Am 9. Juni setzte er, vergeblich, ein zweites Mal an; doch nachdem Ende des Monats der Volksfrontkandidat Siles Zuazo die Wahlen regulär gewonnen hatte, mußte der erwartete dritte Anlauf gelingen: am 17. Juli 1980 übernahm das rechtsstehende Militär die Regierungsgeschäfte und hat sie seither nicht mehr abgegeben, denn daran verdient man gut. Die Namen haben zwischendurch gewechselt. Einige Monate genügen ja, um im Kokaingeschäft reich zu werden, während im Gefängnis von La Paz zweiundzwanzig Gringos wegen desselben Deliktes auf ihre Freiheit warten; sie müßten nur eine vier- bis fünfstellige Dollarsumme zahlen, um sich diese Freiheit zu erkaufen. Es ist Mittag, als der «Cerro Rico» von Potosí, der Silberberg der Schande, vor uns in die Höhe ragt.

218 *Die Züge überwinden auf den Andenstrekken außerordentliche Höhen. Dem Reisenden bieten sich auf der Fahrt unvergleichlich schöne, von Region zu Region vollkommen verschiedene Ausblicke auf die Bergwelt der Anden.*

219/220 *Zwei verschiedene Schneeräumgeräte, die nur auf der Linie Valparaíso–Mendoza zwischen Río Blanco und der argentinischen Grenze eingesetzt werden. Der Winter bringt auf allen Andenstrecken große Probleme. An Orten über 2000 m und vor allem im Süden können mehrere Meter Schnee fallen. Bei geringen Schneehöhen kommt der Schneepflug zum Einsatz; die Schneeschleuder wird erst in kritischen Situationen eingesetzt. Im Jahr 1978 unterbrach ein Schneesturm sämtliche Eisenbahn- und Straßenverbindungen nach Portillo. Der berühmte Wintersportort war während zwanzig Tagen von der Außenwelt abgeschnitten. An Höhenkrankheit leidende Menschen mußten mit Helikoptern evakuiert werden.*

221 *Untere Hälfte des Herstellerschildes einer Lokomotive. Heute ist die Transandenbahn elektrifiziert. Die notwendige Energie liefern wilde Bergbäche, die von den Gletschern zu Tal schäumen.*

222 *Im Bahnhof von Río Blanco warten zwei mit Zahnradantrieb ausgerüstete Lokomotiven auf ihren Einsatz: links eine Diesellok, rechts eine elektrische Lok. Bevor mit dem Eisenbahnbau begonnen werden konnte, galt es verschiedene Probleme aus dem Weg zu räumen. Die verwegene Idee der Gebrüder Clark, im Jahr 1872 dieses Projekt in Angriff zu nehmen, konnte nur mit Hilfe eines ständigen Drucks auf die chilenische Regierung verwirklicht werden. Diese hatte zuerst angesichts der ungeheuren Kosten auf entsprechende Vorstöße einfach nicht reagiert. Dank der festen Überzeugung, daß diese Eisenbahn von elementarer Bedeutung sei, konnten sich die Gebrüder Clark schließlich doch durchsetzen.*

223 *So greift das Zahnrad einer Lokomotive in die Zahnstange ein. Der Zahnradbetrieb reduziert natürlich die Geschwindigkeit, garantiert dafür aber mechanische Sicherheit.*

224 *Unterer Teil des Herstellerschildes einer Lokomotive. «Made in Switzerland».*

225 Los Andes. Dieser 1791 gegründete Ort hat sich zu einem bedeutenden Eisenbahnknotenpunkt entwickelt, denn hier beginnt die eigentliche Transandenstrecke. Während die Linie von Valparaíso bis nach Los Andes normalspurig ist, führt sie von Los Andes aus in Meterspur weiter. Dieser Spurwechsel bedingt natürlich den Austausch oder die Anpassung der Radsätze. Bei der Planung dieser Bahn hatte man eher an die niedrigen Baukosten als an ihre spätere Entwicklung gedacht. Um die Kosten zu senken und die Bauzeit zu verkürzen, hatte man also Meterspur gewählt. Dieser Entscheid brachte zwar finanzielle Einsparungen mit sich, aber auch gewisse Nachteile, vor allem in bezug auf die Stabilität der Züge, die mit verhältnismäßig geringer Geschwindigkeit fahren müssen.

226 Hinter Laguna de Inca muß die Transandenbahn eine hohe Felswand überwinden. Angesichts der starken Neigung wurde der Zahnradbetrieb bis zur argentinischen Grenze beibehalten.

227/228 Der «Transandino» und die alte Straße benutzen beide die Flußtäler des Río Aconcagua auf chilenischer und des Río Mendoza auf argentinischer Seite. Diese bilden den einzigen passierbaren Durchgang durch die Bergbarriere. Die alte Straße überwand die Kordillere bei ihrem Scheitelpunkt an einem Ort namens Cristo Redentor, auf einer Höhe von 4002 m. Dieser Name ist auf eine Bronzestatue des Christus der Anden zurückzuführen, die auf einem in den Fels gehauenen Sockel errichtet worden ist. Die Figur blickt nach Norden und segnet mit einer gütigen Handbewegung beide Länder. Die Inschrift lautet: «Diese Berge werden zu Staub, bevor Argentinien und Chile den Frieden brechen, den sie zu Füßen des Cristo Redentor beschworen haben.» Die Statue, die aus dem geschmolzenen Metall einiger Kanonen gegossen wurde, soll an den Frieden erinnern, in welchem zwei Länder ohne Blutvergießen, allerdings nach Intervention der englischen Königin Viktoria, die Grenzen ihrer Staaten festgelegt haben. Zwischen den beiden Völkern hat sich aber nie eine wahre Freundschaft entwickelt; gegenwärtig streiten sie sich um den Besitz des Beagle-Kanals, einer Meeresstraße ganz im Süden von Feuerland. Beide Länder haben das Vermittlungsangebot des Papstes angenommen.

229 Portillo, Laguna de Inca. Eine unwahrscheinlich anmutende Mulde, umgeben von steilen Gipfeln, von riesigen Felsblöcken übersät. Das gleißende Sonnenlicht und das intensive Blau des Himmels lassen die Felsen noch schwärzer erscheinen und betonen das absolute Fehlen jeglicher Vegetation. Dieses Gebiet ist in der ganzen Welt als Wintersportzentrum bekannt. In den Wintermonaten Juli und August kommen die Abfahrtsasse aus Nordamerika und Europa hierher, um auf den steilen Pisten zu trainieren. Die berühmteste von ihnen, die «Roca Jack», ist zwei Kilometer lang und weist eine Neigung von 45 Grad auf.

230 Eisenbahnarbeiter, die für den Unterhalt der Strecke verantwortlich sind, wechseln die Zahnstange aus.

231 An den gefährlichsten Stellen schützen Galerien mit dicken Querträgern die Eisenbahnlinie. Die sehr steilen und vollkommen vegetationslosen Hänge begünstigen die Entstehung von Lawinen und Erdrutschen.

232 Das Vehikel, mit welchem die Eisenbahnstrecke besichtigt werden kann. Es wird von Dr. Alfredo Barahona Zuleta, dem Chef des Informationswesens der chilenischen Staatsbahnen, zur Verfügung gestellt.
Ich habe die Genehmigung erhalten, die ganze Andenstrecke von Los Andes bis zum Tunnel kurz vor der argentinischen Grenze zu besichtigen. Es handelt sich um eine Sonderfahrt, eigens für mich organisiert. Ingenieur Bravo, der leitende Beamte der Linie, begleitet mich. Diese Strecke dient heute ausschließlich dem Güterverkehr zwischen Argentinien und Chile.

233 Der Bahnhof von Caracoles an der Grenze zu Argentinien. Kurz nachher fährt der Zug in den Cumbre-Tunnel ein; auf der andern Seite befindet er sich dann bereits auf argentinischem Boden. Der Unterschied zur chilenischen Landschaft ist fast unglaublich. Das Tal ist viel breiter, die Berghänge sind weniger steil, auch wenn die Gipfel höher aufragen.

244

219

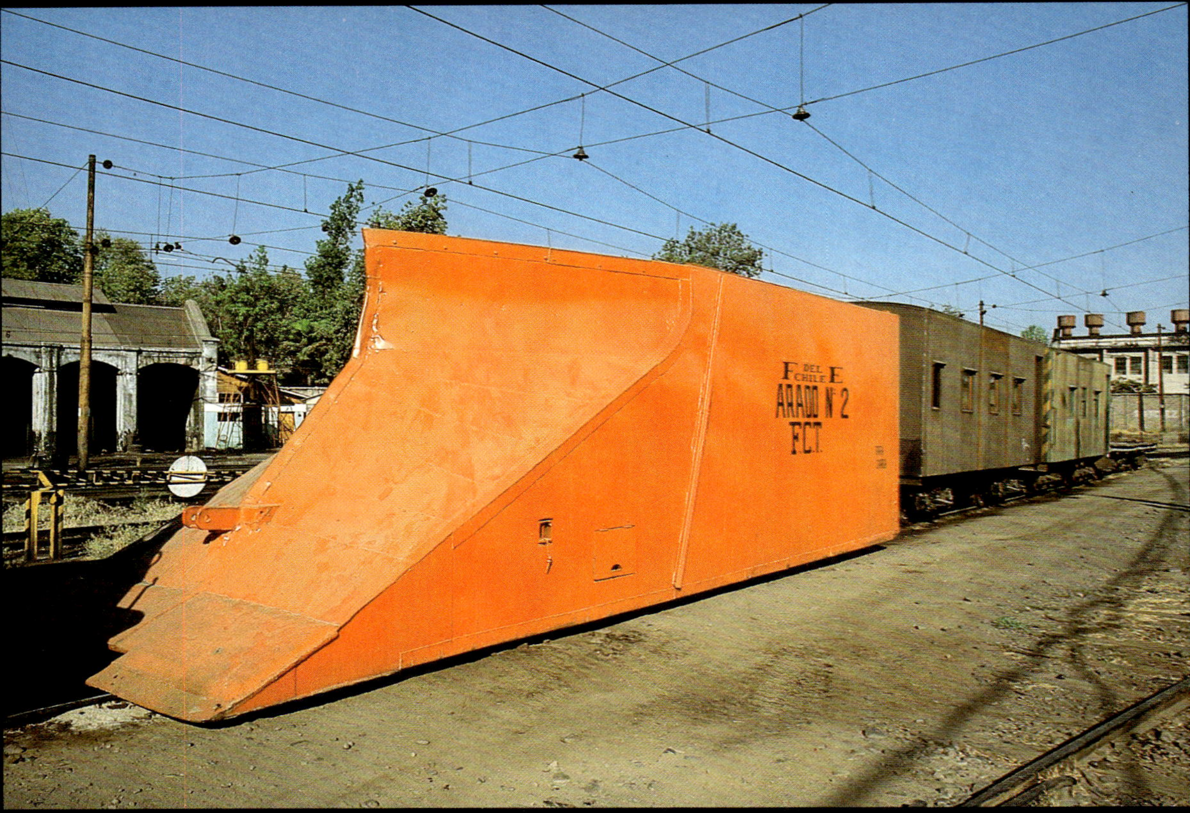

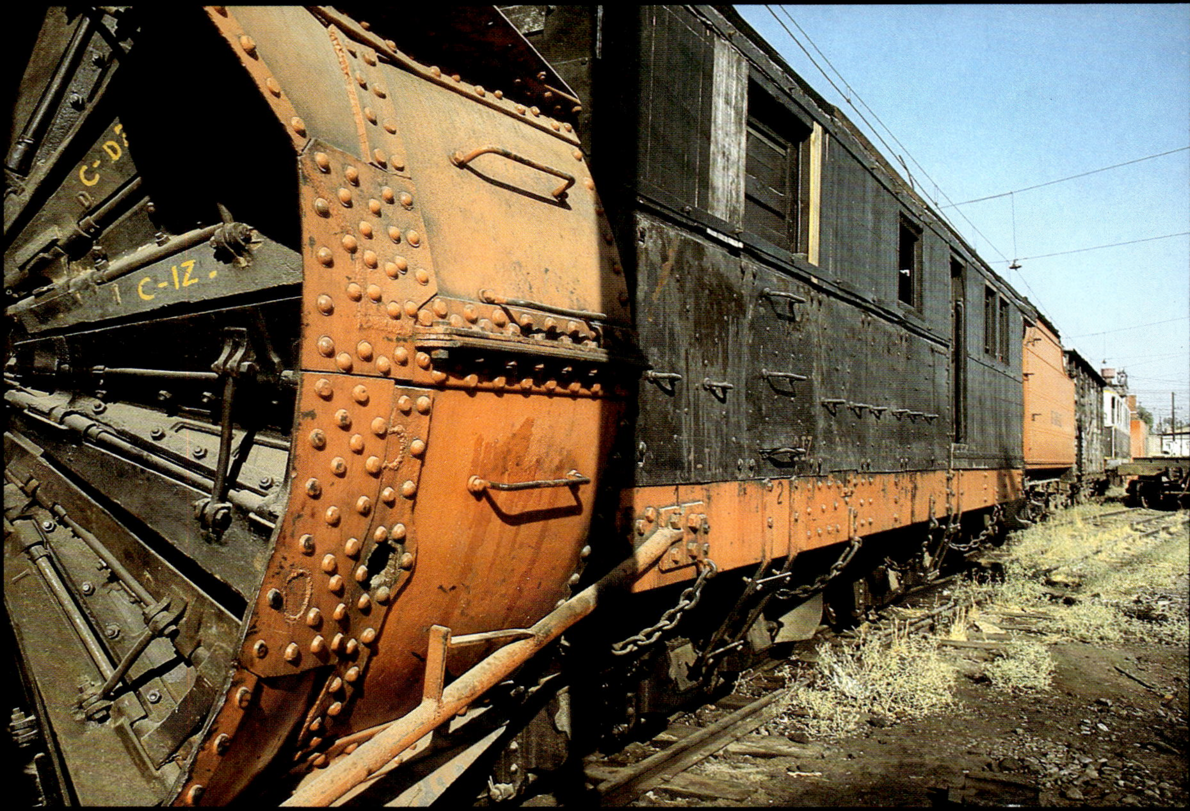

220

221

222

223

SOCIEDAD SUIZA
PARA LA CONSTRUCCION DE
LOCOMOTORAS y MAQUINAS
3089 WINTERTHUR 1925
SOCIEDAD ANONIMA
BROWN, BOVERI & Cia
BADEN-SUIZA
CREMALLERA
SISTEMA ABT

224

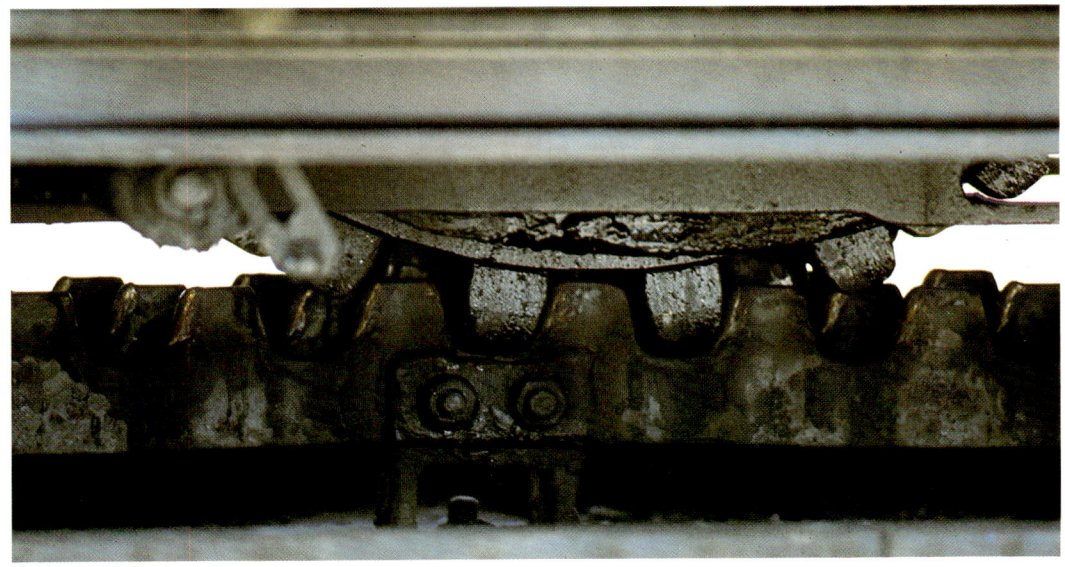

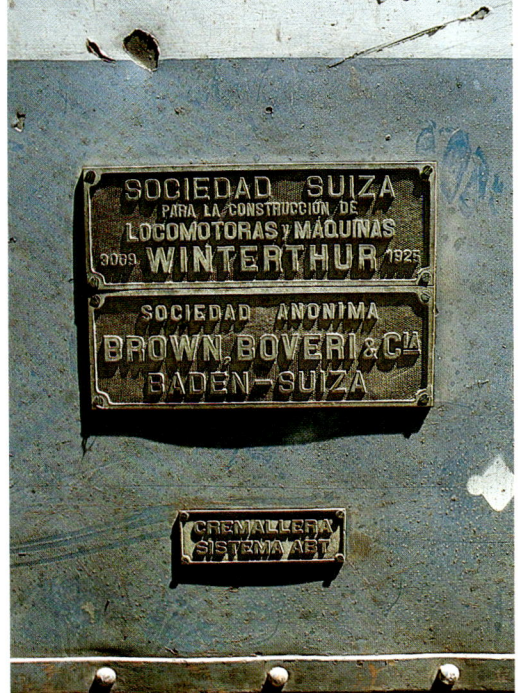

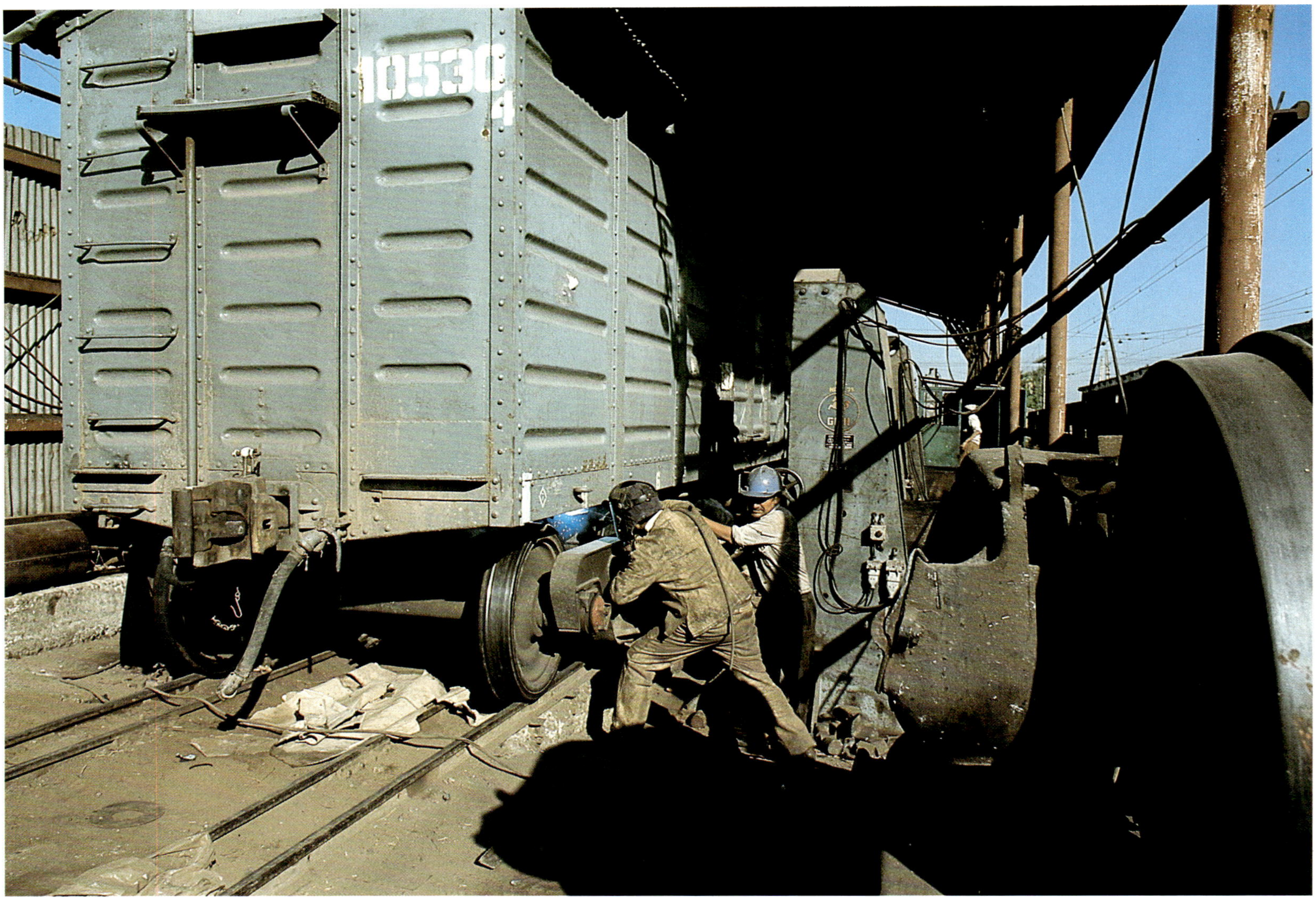
10530

225